Navidad en el Portal de Belén

Navidad en el Portal de Belén

Papa Francisco

NCP
NEW CITY PRESS

Publicado en los Estados Unidos por New City Press
202 Comforter Blvd., Hyde Park, NY 12530

Papa Francisco
Navidad en el Portal de Belén

Traducido de la edición original italiana
Il Mio Presepe: Vi racconto i personaggi del Natale

© 2023 Dicastero per la Comunicazione – Libreria Editrice Vaticana
© 2023 Mondadori Libri S.p.A., Milano

Primera edición en español: © 2023 Editorial Santa María,
Ciudad Autónoma de Buenos Aires, Argentina
editorialsantamaria.com

Traducción utilizada con autorización de Editorial Santa María, Argentina

Diagramación y diseño de portada: Miguel Tejerina – Gary Brandl

Library of Congress Control Number: 2024940944

ISBN: 978-1-56548-617-1 (Paperback)
ISBN: 978-1-56548-618-8 (E-book)

Impreso en los Estados Unidos de America

Índice

Introducción 7

El Pesebre 11

Niño Jesús 18

María 39

José 51

Belén 58

El Establo 61

Los Ángeles......66

Los Pastores 68

La Luz 74

Los Reyes Magos 79

La Estrella......94

Herodes 99

La Sagrada Familia 105

Las Diferentes Estatuillas...... 113

El Árbol de Navidad 115

La Navidad 117

Frente al Pesebre 133

Fuentes 135

Introducción

Dos veces he deseado ir a visitar Greccio. La primera para conocer el lugar donde San Francisco de Asís creó el pesebre, algo que también marcó mi infancia: en la casa de mis padres en Buenos Aires nunca faltaba este símbolo navideño, incluso antes que el árbol.

La segunda vez regresé con gusto a esa localidad, hoy en la provincia de Rieti, para firmar la Carta Apostólica Admirabile signum sobre el sentido y el significado del pesebre en la actualidad.

En ambas ocasiones, experimenté una emoción especial emanando de la gruta donde se encuentra un fresco medieval que representa la noche de Belén y la de Greccio, colocadas por el artista en paralelo.

La emoción de esa vista me impulsa a profundizar en el misterio cristiano que ama ocultarse dentro de lo infinitamente pequeño.

De hecho, la encarnación de Jesucristo sigue siendo el corazón de la revelación de Dios, aunque a menudo olvidamos lo discreto que es su despliegue, al punto de pasar desapercibido.

De hecho, la pequeñez es el camino para encontrarse con Dios.

En un epitafio conmemorativo de San Ignacio de Loyola encontramos escrito: "Non coerceri a maximo, sed contineri a minimo, divinum est". Es divino tener ideales que no estén limitados por nada de lo que existe, sino ideales que al mismo tiempo estén contenidos y vividos en las cosas más pequeñas de la vida. En resumen, no debemos asustarnos de las cosas grandes, es necesario avanzar y tener en cuenta las cosas más pequeñas.

Aquí está la razón por la cual preservar el espíritu del pesebre se convierte en una saludable inmersión en la presencia de Dios que se manifiesta en las pequeñas, a veces mundanas y repetitivas, cosas cotidianas. Saber renunciar a lo que seduce, nos lleva a entender y elegir los caminos de Dios, que es la tarea que nos espera. En este sentido, el discernimiento es un gran regalo, y nunca debemos cansarnos de pedirlo en la oración. Los pastores en el pesebre son aquellos que reciben la sorpresa de Dios y viven con asombro el encuentro con Él, adorándolo: en la pequeñez reconocen el rostro de Dios. Humanamente, todos tendemos a buscar la grandeza, pero es un don saber encontrarla realmente: saber encontrar la grandeza en esa pequeñez que Dios tanto ama.

En enero de 2016, me encontré con los jóvenes de Rieti en el oasis del Niño Jesús, justo arriba del Santuario del pesebre. A ellos, y hoy a todos, les recordé que en la noche de Navidad hay dos señales que nos guían para reconocer a Jesús. Una es el cielo lleno de estrellas. Son muchas, un número infinito de estrellas, pero entre todas, destaca una estrella especial, la que motivó a los Reyes Magos a dejar sus hogares y emprender un viaje, un camino cuyo destino desconocían. De la misma manera, esto también sucede en nuestra vida: en algún momento, una "estrella" especial nos invita a tomar una decisión, a hacer una elección, a emprender un camino. Debemos pedirle a Dios con fuerza que nos muestre esa estrella que nos impulsa hacia algo más allá de nuestras rutinas, porque esa estrella nos llevará a contemplar a Jesús, ese niño que nace en Belén y que busca nuestra completa felicidad.

En esa noche santificada por el nacimiento del Salvador, encontramos otra señal poderosa: la humildad de Dios. Los ángeles señalan a los pastores a un niño nacido en un pesebre. No es una señal de poder, autosuficiencia o arrogancia. No. El Dios eterno se humilla a sí mismo en un ser humano indefenso, suave y humilde. Dios se rebajó para que pudiéramos caminar con Él y para que Él pudiera estar a nuestro lado, no por encima ni lejos de nosotros.

El asombro y la maravilla son los dos sentimientos que emocionan a todos, jóvenes y adultos, frente al pesebre, que es como un Evangelio vivo que desborda las páginas de las Sagradas Escrituras. No importa cómo se prepare el pesebre, puede ser siempre igual o cambiar cada año; lo que importa es que hable a la vida y de la vida.

El primer biógrafo de San Francisco, Tomás de Celano, describe la noche de Navidad de 1223, de la cual en 2023 celebramos el VIII centenario. Cuando Francisco llegó, encontró el pesebre con el heno, el buey y el asno. La gente que se había congregado expresó una alegría indescriptible, nunca antes experimentada, ante la escena de Navidad. Luego, el sacerdote celebró solemnemente la Eucaristía en el pesebre, mostrando la conexión entre la Encarnación del Hijo de Dios y la Eucaristía. En esa ocasión en Greccio, no existían estatuillas: el pesebre fue creado y vivido por quienes estaban presentes.

Estoy seguro de que el primer pesebre, que realizó una gran obra de evangelización, puede ser hoy también la ocasión para despertar el asombro y la maravilla. Así, lo que San Francisco logró con la sencillez de ese símbolo perdura hasta nuestros días como una auténtica expresión de la belleza de nuestra fe.

Ciudad del Vaticano, 27 de septiembre de 2023

Francisco

El Pesebre

Y llega el día de la alegría, el tiempo de la celebración. Para la ocasión, muchos frailes son convocados de diversas partes; hombres y mujeres llegan jubilosos desde los caseríos de la región, cada uno llevando, según sus posibilidades, velas y antorchas para iluminar esa noche en la que una estrella brilló espléndidamente en el cielo, iluminando todos los días y tiempos. Finalmente, llega Francisco; ve que todo está dispuesto según su deseo y está radiante de alegría. Ahora se prepara el pesebre, se coloca el heno y se introducen el buey y el asno. En esa conmovedora escena brilla la sencillez evangélica, se elogia la pobreza y se recomienda la humildad. Greccio se ha convertido en una nueva Belén.

Tomás de Celano, *El pesebre de Greccio*

ↀ

¿Quién es feliz en el pesebre?

Miramos el pesebre. ¿Quién está feliz en el pesebre? Esto me gustaría preguntárselo a ustedes, niños, que disfrutan observando las estatuillas... ¡y quizás también moverlas un poco, cambiarlas de lugar, lo que hace enojar a papá que las colocó con tanto cuidado!

Entonces, ¿quién está feliz en el pesebre? La Virgen María y San José están llenos de alegría: miran al Niño Jesús y son felices porque, después de mil preocupaciones, han aceptado este Regalo de Dios con mucha fe y amor. Están "rebosantes" de santidad y, por lo tanto, de alegría. Y ustedes me dirán: ¡claro! Son la Virgen María y San José. Sí, pero no pensemos que fue fácil para ellos: los santos no nacen, se hacen, y esto también se aplica a ellos.

Luego, están los pastores llenos de alegría. También los pastores son santos, seguro, porque respondieron al anuncio de los ángeles, acudieron de inmediato a la gruta y reconocieron la señal del Niño en el pesebre. No era algo obvio. En particular, en los pesebres a menudo hay un pastorcillo, joven, que mira hacia la gruta con una expresión soñadora y encantada: ese pastor expresa la alegría asombrada de quien recibe el misterio de Jesús con un corazón de niño. Este es un rasgo de la santidad: conservar la capacidad de asombrarse y maravillarse ante los dones de Dios, ante sus "sorpresas", y el regalo más grande, la sorpresa siempre nueva, es Jesús. ¡La gran sorpresa es Dios!

Luego, en algunos pesebres, los más grandes, con muchos personajes, se representan los oficios: el zapatero, el aguatero, el herrero, el panadero... y así sucesivamente. Y todos están felices. ¿Por qué? Porque están como "contagiados" por la alegría del evento en el que participan, es decir, el nacimiento de Jesús. De esta manera, incluso su trabajo se santifica con la presencia de Jesús, con su venida en medio de nosotros.

Entonces, mi deseo es este: sean santos para ser felices. ¡Pero no santos de estampita! No, no. Santos normales. Santos y santas de carne y hueso, con nuestro carácter, nuestros defectos, incluso nuestros pecados –pedimos perdón y seguimos adelante– pero listos para dejarnos "contagiar" por la presencia de Jesús en medio de nosotros, listos para acercarnos a Él, como los pastores, para ver este acontecimiento, esta increíble señal que Dios nos ha dado. ¿Qué decían los ángeles? "Les anuncio una gran alegría, que será para todo el pueblo" (Lucas 2,10). ¿Iremos a verlo? ¿O estaremos ocupados con otras cosas?

CRO

San Francisco de Asís, quien creó el pesebre

El hermoso signo del pesebre, tan querido por el pueblo cristiano, causa siempre asombro y admiración. Representar el evento del nacimiento de Jesús equivale a anunciar el misterio de la Encarnación del Hijo de Dios con sencillez y alegría. De hecho, el pesebre es como un Evangelio vivo que surge de las páginas de las Sagradas Escrituras. Mientras contemplamos la escena de la Navidad, estamos invitados a ponernos en un camino espiritual, atraídos por la humildad de Aquel que se hizo hombre para encontrarse con cada ser humano. Y descubrimos que Él nos ama tanto que se une a nosotros, para que también nosotros podamos unirnos a Él.

Me gustaría apoyar la hermosa tradición de nuestras familias, que en los días previos a la Navidad preparan el pesebre. También la costumbre de ponerlo en los lugares de trabajo, escuelas, hospitales, cárceles, plazas... Es realmente un ejercicio de imaginación creativa que utiliza diversos materiales para dar vida a pequeñas obras maestras llenas de belleza. Se aprende desde niños: cuando papá y mamá, junto a los abuelos, transmiten esta alegre tradición que contiene en sí una rica espiritualidad popular. Espero que esta práctica nunca se pierda; es más, confó en que, allí donde hubiera caído en desuso, pueda ser redescubierta y revitalizada.

El origen del pesebre se encuentra principalmente en algunos detalles evangélicos del nacimiento de Jesús en Belén. Jesús es colocado en un pesebre, que en latín se dice *praesepium*, de donde proviene la palabra pesebre.

Pero vayamos directamente al origen del pesebre tal como lo conocemos. Viajemos mentalmente a Greccio, en el Valle de Rieti, donde San Francisco se detuvo probablemente después de venir desde Roma, donde el 29 de noviembre de 1223 había recibido la confirmación de su Regla por parte del Papa Honorio III. Después de su viaje a Tierra Santa, esas cuevas le recordaban de manera particular el paisaje de Belén. Y es posible que el Pobrecillo de Asís se haya sentido impresionado en Roma, en la Basílica de Santa María la Mayor, por los mosaicos que representan el nacimiento de Jesús, justo al lado del lugar donde se conservaban, según una antigua tradición, las tablas del pesebre.

Las Fuentes Franciscanas cuentan en detalle lo que sucedió en Greccio. Quince días antes de Navidad, Francisco llamó a un hombre del lugar llamado Juan y le pidió que lo ayudara a cumplir un deseo: "Quisiera representar al Niño nacido en Belén y de alguna manera ver con los ojos del cuerpo las dificultades en las que se encontró por la falta de las cosas necesarias para un recién nacido, como fue colocado en un pesebre y yacía sobre el heno entre el buey y el asno". Tan pronto como lo escuchó, el fiel amigo fue de inmediato al lugar designado para preparar todo lo necesario, según el deseo del Santo. El 25 de diciembre, muchos frailes llegaron a Greccio desde diversas partes y también hombres y mujeres de las casas de la zona, llevando flores y antorchas para iluminar esa santa noche. Cuando llegó Francisco, encontró el pesebre con el heno, el buey y el asno. La gente que se congregó mostró una alegría indescriptible, nunca antes experimentada, ante la escena del Nacimiento. Luego, el sacerdote celebró solemnemente la Eucaristía en el pesebre, mostrando la conexión entre la Encarnación del Hijo de Dios y la Eucaristía. En esa ocasión en Greccio, no existían estatuillas: el pesebre fue creado y vivido por aquellos que estaban presentes.

Así es como nace nuestra tradición: todos alrededor de la gruta y llenos de alegría, sin ninguna distancia entre el evento que se realiza y quienes participan en el misterio.

El primer biógrafo de San Francisco, Tomás de Celano, recuerda que esa noche, a la escena simple y conmovedora, se añadió también el don de una visión maravillosa: uno de los presentes vio al mismo Niño Jesús acostado en el establo. Desde ese pesebre de la Navidad de 1223, "cada uno regresó a su casa lleno de una alegría indescriptible".

San Francisco, con la sencillez de ese signo, llevó a cabo una gran obra de evangelización. Su enseñanza penetró en el corazón de los cristianos y perdura hasta nuestros días como una forma auténtica de presentar la belleza de nuestra fe con sencillez. Además, el lugar mismo donde se realizó el primer pesebre expresa y suscita estos sentimientos. Greccio se convierte en un refugio para el alma que se esconde en la roca para dejarse envolver en el silencio. Armar el pesebre en nuestros hogares nos ayuda a revivir la historia que tuvo lugar en Belén. Naturalmente, los Evangelios siguen siendo la fuente que nos permite conocer y meditar sobre ese acontecimiento; sin embargo, su representación en el pesebre nos ayuda a imaginar las escenas, estimula los sentimientos, nos invita a sentirnos parte de la historia de la salvación, contemporáneos del evento que está vivo y presente en diversos contextos históricos y culturales.

En particular, desde su origen franciscano, el pesebre es una invitación a "sentir", a "tocar" la pobreza que el Hijo de Dios eligió para sí en su Encarnación. Y así, de manera implícita, es un llamado a seguirlo por el camino de la humildad, la pobreza y la despojarse de todo, que desde el pesebre de Belén conduce a la Cruz. Es un llamado a encontrarlo y servirlo con misericordia en los hermanos y hermanas más necesitados (cf. Mateo 25,31-46).

Frente al pesebre, la mente vuela a esos momentos de la infancia cuando esperábamos con impaciencia el momento de comenzar a armarlo. Estos recuerdos nos llevan a ser conscientes una y otra vez del gran regalo que se nos ha dado al transmitirnos la fe; y al mismo tiempo, nos hacen sentir el deber y la alegría de compartir la misma experiencia con nuestros hijos y nietos. No importa cómo se arme el pesebre, puede ser siempre el mismo o cambiar cada año; lo que importa es que le hable a nuestra vida. En cualquier lugar y en cualquier forma, el pesebre cuenta el amor de Dios, el Dios que se hizo niño para decirnos cuán cerca está de cada ser humano, sin importar en qué condición se encuentre.

☙

El pesebre es un Evangelio vivo

Cuando faltan pocos días para la Navidad y estamos ocupados haciendo los preparativos para la fiesta, podemos preguntarnos: "¿Cómo me estoy preparando para el nacimiento del Celebrado?". Una forma simple pero efectiva de prepararse es hacer el pesebre.

El pesebre, de hecho, "es como un Evangelio vivo" (Carta Apostólica *Admirabile signum*, 1). Lleva el Evangelio a los lugares donde vivimos: en nuestros hogares, en las escuelas, en los lugares de trabajo y encuentro, en los hospitales y en las casas de cuidado, en las cárceles y en las plazas. Y en esos lugares donde vivimos, nos recuerda algo esencial: que Dios no se quedó invisible en el cielo, sino que vino a la Tierra, se hizo hombre, un niño. Hacer el pesebre es celebrar la cercanía de Dios. Dios siempre ha estado cerca de su pueblo, pero cuando se encarnó y nació, estuvo muy cerca, muy, muy cerca. Hacer el pesebre es celebrar la cercanía de Dios, es redescubrir que Dios es real, concreto, vivo y palpitante. Dios no es un señor lejano o un juez distante, sino un Amor humilde que ha descendido hasta nosotros.

El pesebre es un Evangelio doméstico. La palabra "pesebre" literalmente significa "comedero", mientras que la ciudad del pesebre, Belén, significa "casa del pan". Comedero y casa del pan: el pesebre que hacemos en casa, donde compartimos comida y afecto, nos recuerda que Jesús es el alimento, el pan de vida (cf. Juan 6,34). Él alimenta nuestro amor, Él da a nuestras familias la fuerza para seguir adelante y perdonarnos mutuamente.

El pesebre nos ofrece otra lección de vida. En los ritmos a veces frenéticos de hoy en día, es una invitación a la contemplación. Nos recuerda la importancia de detenernos. Porque solo cuando sabemos recogernos, podemos recibir lo que realmente importa en la vida. Solo si dejamos fuera de casa el estruendo del mundo, nos abrimos a escuchar a Dios, que habla en el silencio. El pesebre es más actual que nunca, mientras que cada día se fabrican en el mundo tantas armas y tantas imágenes violentas que entran por la vista y en el corazón. En cambio, el pesebre es una imagen artesanal de la paz. Por eso es un Evangelio vivo.

Así que les deseo que armar el pesebre sea una oportunidad para invitar a Jesús a sus vidas. Cuando hacemos el pesebre en casa, es como abrir la puerta y decir: "Jesús, ¡entra!", es hacer tangible esta cercanía, esta invitación a Jesús para que venga a nuestras vidas. Porque si Él habita en nuestra vida, la vida renace. Y si la vida renace, entonces es de verdad Navidad.

Niño Jesús

"En aquellos días, salió un decreto de César Augusto, ordenando que se hiciera un censo del mundo entero. Este fue el primer censo que se hizo cuando Quirino era gobernador de Siria. Todos iban a inscribirse en su ciudad de origen. José, como era de la casa y familia de David, salió de Nazaret, ciudad de Galilea, hasta la ciudad de David, que se llamaba Belén, en Judea, para inscribirse con María, su esposa, que estaba embarazada. Y sucedió que, mientras ellos estaban allí, se le cumplieron los días del alumbramiento y dio a luz a su hijo primogénito, lo envolvió en pañales y lo acostó en un pesebre, porque no tenían lugar en el alojamiento".

Lc 2, 1-7

❦

En un niño, Dios nos sorprende

El corazón del pesebre comienza a latir cuando, en Navidad, colocamos la estatuilla del Niño Jesús en él. Dios se presenta así, en un niño, para ser acogido en nuestros brazos. En su debilidad y fragilidad, esconde su poder que crea y transforma todo. Parece imposible y, sin embargo, es así: en Jesús, Dios fue un niño y en esta condición quiso revelar la grandeza de su amor, que se manifiesta en una sonrisa y en el extender sus manos hacia todos.

El nacimiento de un niño suscita alegría y asombro, porque nos coloca frente al gran misterio de la vida. Al ver brillar los ojos de los jóvenes esposos ante su recién nacido, comprendemos los sentimientos de María y José, quienes al mirar al niño Jesús percibían la presencia de Dios en sus vidas. La forma en que Dios actúa casi nos deja atónitos, porque parece imposible que renuncie a su gloria para convertirse en un ser humano como nosotros. ¡Qué sorpresa ver a Dios asumiendo nuestros mismos comportamientos!: durmiendo, tomando la leche de su madre, llorando y jugando como todos los niños. Como siempre, Dios desconcierta, es impredecible, constantemente sale de nuestros esquemas. Entonces, el pesebre, al mostrarnos a Dios tal como entró en el mundo, nos desafía a pensar en nuestra vida insertada en la de Dios; nos invita a convertirnos en sus discípulos si queremos alcanzar el sentido último de la vida.

ॐ

Redescubramos las pequeñas cosas

El Evangelio narra el nacimiento de Jesús comenzando con César Augusto, quien realiza el censo de todo el mundo: muestra al primer emperador en su grandeza. Pero, inmediatamente después, nos lleva a Belén, donde no hay grandeza alguna: solo un pobre niño envuelto en pañales, rodeado de pastores. Y allí está Dios, en la pequeñez. Este es el mensaje: Dios no busca la grandeza, sino que se sumerge en la pequeñez. La pequeñez es el camino que eligió para llegar a nosotros, para tocar nuestros corazones, para salvarnos y llevarnos de vuelta a lo que realmente importa.

Hermanos y hermanas, al detenernos frente al pesebre, miremos al centro: vayamos más allá de las luces y las decoraciones, que son hermosas, y contemplemos al Niño. En su pequeñez está todo Dios. Reconozcámoslo: "Niño, Tú eres Dios, Dios-niño".

Permítannos ser atravesados por esta escandalosa sorpresa. Aquel que abraza el universo necesita ser sostenido en brazos. Aquel que hizo el sol, necesita ser calentado. La ternura en persona necesita ser acariciada. El amor infinito tiene un corazón diminuto que late suavemente. La Palabra eterna es un niño, es decir, incapaz de hablar. El Pan de la vida debe ser alimentado. El Creador del mundo no tiene un lugar donde quedarse. Hoy todo se trastorna: Dios viene al mundo en su pequeñez. Su grandeza se ofrece en la pequeñez.

Y nosotros −preguntémonos− ¿sabemos aceptar este camino de Dios? Esta es la prueba de Navidad: Dios se revela, pero los hombres no lo comprenden. Él se hace pequeño a los ojos del mundo y seguimos buscando la grandeza según el mundo, tal vez incluso en su nombre. Dios se humilla y nosotros queremos subir al pedestal. El Altísimo representa la humildad y nosotros pretendemos destacar. Dios va en busca de los pastores, de los invisibles; nosotros buscamos visibilidad, hacernos ver. Jesús nace para servir y pasamos los años persiguiendo el éxito. Dios no busca fuerza y poder, demanda ternura y pequeñez interior.

Aquí está lo que pedirle a Jesús para Navidad: la gracia de la humildad. "Señor, enséñanos a amar la humildad. Ayúdanos a comprender que es el camino hacia la verdadera grandeza". Pero, ¿qué significa concretamente abrazar la humildad? En primer lugar, significa creer que Dios quiere entrar en las pequeñas cosas de nuestra vida, quiere habitar en las realidades cotidianas, en los simples gestos que realizamos en casa, en la familia, en la escuela, en el trabajo. Es en nuestro día a día que Él quiere llevar a cabo cosas extraordinarias. Y es un mensaje lleno de esperanza: Jesús nos invita a valorar y redescubrir las pequeñas cosas de la vida. Si Él está con nosotros allí, ¿qué nos falta? Dejemos atrás lamentarnos por la grandeza que no tenemos. Renunciemos a las quejas y a la codicia que nos deja insatisfechos. La humildad, la maravilla de ese niño pequeño: ese es el mensaje.

Pero hay más. Jesús no solo desea venir en las pequeñas cosas de nuestra vida, sino también en nuestra humildad: en sentirnos débiles, frágiles, inadecuados, quizás incluso equivocados.

Hermana y hermano, si, como en Belén, la oscuridad de la noche te rodea, si sientes a tu alrededor una fría indiferencia, si las heridas que llevas dentro gritan: "No cuentas mucho, no vales nada, nunca serás amado como deseas", esta noche, si sientes esto, Dios responde y te dice: "Te amo tal como eres. Tu humildad no me asusta, tus fragilidades no me inquietan. Me hice pequeño por ti. Para ser tu Dios, me convertí en tu hermano. Amado hermano, amada hermana, no tengas miedo de mí, sino encuentra en mí tu grandeza. Estoy cerca de ti y solo te pido esto: confía en mí y ábreme tu corazón".

Aceptar la humildad significa aún una cosa: abrazar a Jesús en los pequeños de hoy. Amarlo, es decir, servirlo en los necesitados. Ellos son los más parecidos a Jesús, nacido pobre. Y es en ellos que Él quiere ser honrado. En esta noche de amor, un único temor nos debe asaltar: herir el amor de Dios, herirlo despreciando a los pobres con nuestra indiferencia. Son los elegidos de Jesús, quienes nos recibirán un día en el Cielo. Una poetisa escribió: "Quien no ha encontrado el Cielo aquí abajo, lo extrañará allá arriba" (E. Dickinson, *Poemas*, pp. 96-17). No perdamos de vista el Cielo, cuidemos de Jesús ahora, acariciándolo en los necesitados, porque en ellos se ha identificado.

⁓

Jesús, la ternura de Dios

En el rostro del pequeño Jesús contemplamos el rostro de Dios, que no se revela en la fuerza ni en el poder, sino en la debilidad y fragilidad de un recién nacido. Así es nuestro Dios, se acerca tanto, en un niño. Este Niño muestra la fidelidad y la ternura del amor inmenso con el que Dios rodea a cada uno de nosotros. Por eso celebramos la Navidad, reviviendo la misma experiencia de los pastores de Belén y junto con tantos padres y madres que se esfuerzan cada día enfrentando numerosos sacrificios; junto a los pequeños, los enfermos y los pobres, celebramos, porque es la fiesta del encuentro de Dios con nosotros en Jesús.

∽☙

El nacimiento es promesa de futuro

Me gustaría hacer llegar a todos el mensaje que la Iglesia anuncia en esta festividad con las palabras del profeta Isaías: "Un niño nos ha nacido, un hijo se nos ha dado" (Is 9,5).

Ha nacido un niño: el nacimiento siempre es una fuente de esperanza, es vida que florece, es promesa de futuro. Y este Niño, Jesús, ha "nacido para nosotros": un nosotros sin fronteras, sin privilegios ni exclusiones. El Niño que la Virgen María dio a luz en Belén ha nacido para todos: es el "hijo" que Dios ha dado a toda la familia humana.

Gracias a este Niño, todos podemos dirigirnos a Dios llamándolo "Padre", "Papá". Jesús es el Unigénito; nadie más conoce al Padre excepto Él. Pero Él vino al mundo precisamente para revelarnos el rostro del Padre. Y así, gracias a este Niño, todos podemos llamarnos y ser verdaderamente hermanos: de todos los continentes, de cualquier idioma y cultura, con nuestras identidades y diferencias, pero todos hermanos y hermanas.

"Un niño nos ha nacido" (Is 9,5). ¡Ha venido a salvarnos! Él nos anuncia que el dolor y el mal no son la última palabra. Resignarse ante la violencia y la injusticia sería rechazar la alegría y la esperanza de la Navidad.

Jesús nació en un establo, pero envuelto en el amor de la Virgen María y San José. Al nacer en carne y hueso, el Hijo de

Dios consagró el amor familiar. En este momento, mi pensamiento se dirige a las familias: a aquellas que no pueden reunirse en este día, así como a aquellas que están obligadas a permanecer en casa. Para todos, que la Navidad sea una oportunidad para redescubrir la familia como la cuna de la vida y la fe; un lugar de amor acogedor, diálogo, perdón, solidaridad fraterna y alegría compartida, fuente de paz para toda la humanidad.

☙

Somos hijos amados

El nacimiento de Jesús es la novedad que nos permite renacer cada año por dentro, encontrar en Él la fuerza para enfrentar cada prueba. Sí, porque su nacimiento es para nosotros: para mí, para ti, para todos nosotros, para cada uno. Es la palabra que resuena en esta santa noche. "Un niño nos ha nacido", profetizó Isaías; "Hoy ha nacido para nosotros el Salvador", repetimos en el Salmo; San Pablo proclamó que Jesús "se entregó a sí mismo por nosotros" (Tit 2,14), y el ángel en el Evangelio anunció: "Hoy ha nacido para ustedes un Salvador" (Lc 2,11). Para mí, para ti.

¿Pero qué quiere decir esto para nosotros? Que el Hijo de Dios, el bendito por naturaleza, viene a hacernos hijos bendecidos por gracia. Sí, Dios viene al mundo como un hijo para hacernos hijos de Dios. ¡Qué regalo tan maravilloso! Este es el corazón indestructible de nuestra esperanza, el núcleo incandescente que sostiene la existencia: por debajo de nuestras cualidades y defectos, más fuerte que las heridas y los fracasos del pasado, que los miedos y la inquietud por el futuro, esta es la verdad: somos hijos amados. Y el amor de Dios hacia nosotros no depende ni dependerá nunca de nosotros: es amor gratuito. Esta noche no encuentra explicación en otro lugar: solamente, la gracia. Todo es gracia. El regalo es gratuito, sin mérito alguno de ninguno de nosotros, pura gracia. Esta noche, como nos dijo San Pablo, "ha aparecido la gracia de Dios" (Tit 2,11). Nada es más precioso.

Nos ha sido dado un hijo. El Padre no nos ha dado cualquier cosa, sino a su propio Hijo unigénito, que es toda su alegría. Dios sabe que la única forma de salvarnos, de sanarnos por dentro, es amarnos: no hay otro modo. Él sabe que mejoramos solo al aceptar su amor incansable, que no cambia, pero nos cambia. Solo el amor de Jesús transforma la vida, cura las heridas más profundas, nos libera de los círculos viciosos de la insatisfacción, la ira y la queja.

Nos ha sido dado un hijo. Quien tiene un niño pequeño sabe cuánto amor y paciencia se necesitan. Hay que alimentarlo, cuidarlo, limpiarlo, atender su fragilidad y sus necesidades, que a menudo son difíciles de comprender. Un hijo nos hace sentir amados, pero también nos enseña a amar. Dios nació como un niño para instarnos a cuidar a los demás. Su tierno llanto nos hace comprender cuán inútiles son muchos de nuestros caprichos, ¡y tenemos muchos! Su amor desarmado y conmovedor nos recuerda que el tiempo que tenemos no se destina a lamentarnos, sino a consolar las lágrimas de quienes sufren. Dios toma morada cerca de nosotros, pobre y necesitado, para decirnos que al servir a los pobres, lo amaremos a Él. A partir de esta noche, como escribió una poetisa, "la residencia de Dios está junto a la mía. El mobiliario es el amor" (E. Dickinson, *Poemas*, XVII).

Nos ha sido dado un hijo. Tú, Jesús, eres el Hijo que me hace hijo. Tú me amas como soy, no como sueño ser; ¡lo sé! Abrazándote a Ti, el Niño en el pesebre, abrazo mi propia vida. Al recibirte a Ti, el Pan de Vida, también quiero dar mi vida. Tú, que me salvas, enséñame a servir. Tú, que no me dejas solo, ayúdame a consolar a tus hermanos, porque desde esta noche, todos son mis hermanos.

⁊

Dios quiere habitar entre nosotros

El Evangelio de la Liturgia de hoy nos ofrece una frase hermosa, que rezamos siempre en el Ángelus y que por sí sola revela el significado de la Navidad: "El Verbo se hizo carne y habitó entre nosotros" (Jn 1,14). Estas palabras, si las pensamos, contienen una paradoja. Unen dos realidades opuestas: el Verbo y la carne. "Verbo" indica que Jesús es la Palabra eterna del Padre, la Palabra infinita que ha existido siempre, antes de todas las cosas creadas; "carne" indica nuestra propia realidad, una realidad creada, frágil, limitada y mortal. Antes de Jesús, eran dos mundos separados: el Cielo opuesto a la tierra, lo infinito opuesto a lo finito, el espíritu opuesto a la materia. Y hay otra oposición en el Prólogo del Evangelio de Juan, otro binomio: luz y tinieblas (cf. v. 5). Jesús es la luz de Dios que ha entrado en las tinieblas del mundo. Luz y tinieblas. Dios es luz: en Él no hay opacidad; en nosotros, en cambio, hay mucha oscuridad. Ahora, con Jesús, se encuentran la Luz y las tinieblas: santidad y culpa, gracia y pecado. La encarnación de Jesús es precisamente el lugar del encuentro, el encuentro entre Dios y los hombres, el encuentro entre la gracia y el pecado.

¿Qué quiere anunciar el Evangelio con esta polaridad? Algo maravilloso: la forma en que Dios actúa. Frente a nuestra fragilidad, el Señor no se retira. No se queda en su eternidad bienaventurada y en su luz infinita, sino que se acerca, se hace carne, se sumerge en las tinieblas, habita en tierras ajenas a Él. ¿Y por qué hace esto Dios? ¿Por qué desciende a nosotros? Lo hace porque no se resigna a que podamos perdernos alejándonos de Él, alejándonos de la eternidad, alejándonos de la luz. Esta es la obra de Dios: venir entre nosotros. Si nos consideramos indignos, eso no lo detiene; Él viene. Si lo rechazamos, no se cansa de buscarnos. Si no estamos listos ni dispuestos a recibirlo, de todos modos prefiere venir. Y si le cerramos la puerta en la cara, Él espera. Él es realmente el Buen Pastor. ¿Y cuál es la imagen más hermosa del Buen Pastor? El Verbo que se hace carne para compartir nuestra vida. Jesús es el Buen Pastor que viene a buscarnos donde estamos: en nuestros problemas, en nuestra miseria. Allí viene Él.

A menudo nos mantenemos alejados de Dios porque pensamos que no somos dignos de Él por diferentes razones. Y es cierto. Pero la Navidad nos invita a ver las cosas desde su perspectiva. Dios desea encarnarse. Si tu corazón te parece demasiado contaminado por el mal, te parece desordenado, por favor, no te cierres, no tengas miedo: Él viene. Piensa en el establo de Belén. Jesús nació allí, en esa pobreza, para decirte que ciertamente no teme visitar tu corazón, habitar una vida descuidada. Esta es la palabra: habitar. "Habitar" es el verbo que usa el Evangelio para expresar esta realidad: implica una total comunión, una gran intimidad. Y esto es lo que Dios quiere: quiere habitar con nosotros, quiere habitar en nosotros, no quedarse lejos.

✺

En Navidad Dios se puso del lado del hombre

La razón de nuestra esperanza es esta: ¡Dios está con nosotros y aún confía en nosotros! Pero reflexionemos sobre esto: Dios está con nosotros y Dios aún confía en nosotros. ¡Este Dios Padre es generoso! Él viene a vivir con los hombres, elige la tierra como su morada para estar junto al hombre y encontrarse donde el hombre pasa sus días en alegría o dolor. Por lo tanto, la tierra ya no es solo un "valle de lágrimas", sino el lugar donde Dios mismo ha puesto su tienda, es el lugar del encuentro de Dios con el hombre, de la solidaridad de Dios con los hombres.

Dios quiso compartir nuestra condición humana al punto de hacerse uno con nosotros en la persona de Jesús, que es verdadero hombre y verdadero Dios. Pero hay algo aún más sorprendente. La presencia de Dios en medio de la humanidad no se manifestó en un mundo ideal o idílico, sino en este mundo real, marcado por muchas cosas buenas y malas, marcado por divisiones, maldad, pobreza, opresión y guerras. Él eligió habitar nuestra historia tal como es, con todo el peso de sus limitaciones y tragedias. Al hacerlo, demostró de manera incomparable su inclinación misericordiosa y llena de amor hacia las criaturas humanas. Él es el Dios-con-nosotros; Jesús es Dios-con-nosotros. ¿Creen esto? Hagamos juntos esta profesión: ¡Jesús es Dios-con-nosotros! Jesús es Dios-con-nosotros desde siempre y para siempre, con nosotros en las penas y dolores de la historia. El nacimiento de Jesús es la manifestación de que Dios se ha "alineado" de una vez por todas del lado del hombre, para salvarnos, para levantarnos del polvo de nuestras miserias, dificultades y pecados.

De aquí proviene el gran "regalo" del Niño de Belén: Él nos trae una energía espiritual, una energía que nos ayuda a no hundirnos en nuestras luchas, desesperaciones y tristezas, porque es una energía que calienta y transforma el corazón. El nacimiento de Jesús, de hecho, nos trae la hermosa noticia de que somos amados inmensa y singularmente por Dios, y este amor no solo nos lo da a conocer, ¡sino que nos lo regala, nos lo comunica!

De la contemplación gozosa del misterio del Hijo de Dios nacido por nosotros, podemos extraer dos reflexiones.

La primera es que si en Navidad Dios se revela no como alguien que está por encima y que domina el universo, sino como Aquel que se humilla, desciende a la tierra como un niño pequeño y pobre, significa que para ser semejantes a Él no debemos elevarnos por encima de los demás, sino más bien humillarnos, servir, hacernos pequeños con los pequeños y pobres con los pobres. Pero es algo lamentable cuando se ve a un cristiano que no quiere humillarse, que no quiere servir. Un cristiano que se jacta en todas partes, eso es feo: eso no es cristiano, eso es pagano. El cristiano sirve, se humilla. ¡Asegurémonos de que estos hermanos y hermanas nuestros nunca se sientan solos!

La segunda consecuencia: si Dios, a través de Jesús, se ha involucrado con el hombre al punto de hacerse uno de nosotros, significa que cualquier cosa que hagamos a un hermano o una hermana, la habremos hecho a Él. Jesús mismo nos lo recordó: aquellos que alimenten, acojan, visiten y amen a uno de los más pequeños y pobres entre los hombres, lo habrán hecho al Hijo de Dios.

✎

Se encarnó y no retrocede

Jesús es la Palabra, la Palabra eterna de Dios, que desde siempre piensa en nosotros y desea comunicarse con nosotros: ese es el mensaje del Evangelio.

Y para hacerlo, fue más allá de las palabras. De hecho, en el corazón del Evangelio de hoy, se nos dice que la Palabra "se hizo carne y habitó entre nosotros" (v. 14). Se hizo carne: ¿por qué san Juan usa esta expresión, "carne"? ¿No podría haber dicho de manera más elegante que se hizo hombre? No, utiliza la palabra carne porque esta indica nuestra condición humana en toda su debilidad, en toda su fragilidad. Nos dice que Dios se hizo fragilidad para acercarse a nuestras fragilidades. Por lo tanto, dado que el Señor se hizo carne, nada de nuestra vida le es ajeno. No hay nada que desprecie, todo podemos compartirlo con Él, todo. Querido hermano, querida hermana, Dios se hizo carne para decirnos, para decirte, que te ama justo allí, que nos ama justo allí, en nuestras fragilidades, en tus fragilidades; justo allí, donde más nos avergonzamos, donde más te avergüenzas. Esto es audaz, es audaz la decisión de Dios: se hizo carne justo donde a menudo nos avergonzamos; entra en nuestra vergüenza para convertirse en nuestro hermano, para compartir el camino de la vida. Se hizo carne y no volvió atrás. No tomó nuestra humanidad como una prenda que se pone y se quita. No, no se separó de nuestra carne. Y nunca se separará: ahora y para siempre, Él está en el cielo con su cuerpo de carne humana. Se ha unido para siempre a nuestra humanidad, podríamos decir que la ha "casado". Me gusta pensar que cuando el Señor ora al Padre por nosotros, no solo habla: le muestra las heridas de la carne, le muestra las llagas que ha sufrido por nosotros. Esto es Jesús: con su carne es el intercesor, quiso llevar también las señales del sufrimiento. Jesús, con su carne está delante del Padre. El Evangelio dice que vino a vivir entre nosotros. No vino de visita y luego se fue, vino a vivir con nosotros, a estar con nosotros. ¿Qué desea, entonces, de nosotros? Desea una gran intimidad. Quiere que compartamos con Él alegrías y penas, deseos y miedos, esperanzas y tristezas, personas y situaciones. Hagámoslo, con confianza: abramos nuestro corazón, contémosle todo. Detengámonos en silencio frente al pesebre para saborear la ternura de Dios hecho cercanía, hecho carne. Y sin temor, invitémoslo a nuestra casa, a nuestra familia. Y también –cada uno lo sabe bien– invitémoslo a nuestras fragilidades. Invitémoslo, que Él vea nuestras heridas. Vendrá y la vida cambiará.

❧

El Niño Jesús es la sonrisa de Dios

La Virgen y su esposo, con su amor, hicieron que la sonrisa floreciera en los labios de su recién nacido. Pero cuando eso sucedió, sus corazones se llenaron de una nueva alegría, venida del Cielo. Y el pequeño establo de Belén se iluminó como nunca antes.

Jesús es la sonrisa de Dios. Vino a revelarnos el amor del Padre, su bondad, y la primera forma en que lo hizo fue sonriendo a sus padres, como cualquier recién nacido en este mundo. Y ellos, la Virgen María y San José, con su gran fe, supieron recibir ese mensaje, reconocieron en la sonrisa de Jesús la misericordia de Dios para ellos y para todos los que esperaban su venida, la venida del Mesías, el Hijo de Dios, el Rey de Israel.

Así que en el pesebre también nosotros revivimos esta experiencia: mirar al Niño Jesús y sentir que Dios nos sonríe, sonríe a todos los pobres de la tierra, a todos los que esperan la salvación, que esperan un mundo más fraternal, donde no haya más guerras ni violencia, donde cada hombre y mujer pueda vivir en su dignidad de hijo e hija de Dios.

Siempre necesitamos ser renovados por la sonrisa de Jesús. Permitir que su bondad desarmada nos purifique de las impurezas que a menudo se acumulan en nuestros corazones y nos impiden dar lo mejor de nosotros mismos.

A veces, sonreír se vuelve difícil, por muchas razones. Entonces necesitamos la sonrisa de Dios: Jesús, solo Él puede ayudarnos. Solo Él es el Salvador, y a veces lo experimentamos concretamente en nuestra vida.

Otras veces, las cosas van bien, pero existe el peligro de sentirnos demasiado seguros y olvidar a los demás que están sufriendo. Incluso en esos momentos necesitamos la sonrisa de Dios, que nos despoje de las falsas seguridades y nos devuelva el gusto por la sencillez y la gratuidad.

Intercambiemos este deseo: en Navidad, participando en la Liturgia y también contemplando el pesebre, dejémonos sorprender por la sonrisa de Dios, que Jesús ha venido a traer. Él mismo es esa sonrisa. Como María, como José y como los pastores de Belén, recibámoslo, dejémonos purificar y también podremos llevar a los demás una sonrisa humilde y sencilla, especialmente a los enfermos y a los más ancianos: que sientan la caricia de tu sonrisa. Es una caricia. Sonreír es acariciar, acariciar con el corazón, acariciar con el alma.

❧

La gracia de la ternura

El Niño en el pesebre nos transmite su ternura. Algunas estatuillas representan al "Niño Jesús" con los brazos abiertos, para decirnos que Dios ha venido a abrazar nuestra humanidad. Por lo tanto, es hermoso estar frente al pesebre y confiarle al Señor la vida, hablarle de las personas y situaciones que llevamos en el corazón, hacer balance del año que está terminando junto a Él, compartir las expectativas y preocupaciones.

❧

Permitamos que el Señor venga a buscarnos

En esta noche santa, mientras contemplamos al recién nacido Niño Jesús depositado en un pesebre, se nos invita a reflexionar. ¿Cómo recibimos la ternura de Dios? ¿Me dejo alcanzar por Él, permito que me abrace, o le impido acercarse? "Pero yo busco al Señor" –podríamos argumentar–. Sin embargo, lo más importante no es buscarlo, sino permitir que sea Él quien me busque, me encuentre y me acaricie con ternura. Esta es la pregunta que el Niño nos plantea con su simple presencia: ¿permito que Dios me ame?

Además, ¿tenemos el coraje de recibir con ternura las situaciones difíciles y los problemas de quienes nos rodean, o preferimos soluciones impersonales, quizás eficientes pero carentes del calor del Evangelio? ¡Cuánta necesidad de ternura tiene el mundo hoy! La paciencia de Dios, la cercanía de Dios, la ternura de Dios.

La respuesta del cristiano no puede ser diferente de la que Dios ofrece a nuestra pequeñez. La vida debe ser abordada con bondad, con mansedumbre. Cuando nos damos cuenta de que Dios está enamorado de nuestra pequeñez, que Él mismo se hace pequeño para encontrarnos mejor, no podemos dejar de abrirle nuestro corazón y suplicarle: "Señor, ayúdame a ser como tú, dame la gracia de la ternura en las circunstancias más difíciles de la vida, dame la gracia de la cercanía en cualquier necesidad, de la mansedumbre en cualquier conflicto".

☙

Qué nos enseñan los niños

Había un tiempo en el que, en la Persona divino-humana de Cristo, Dios fue un niño, y esto debe tener un significado especial para nuestra fe. Es cierto que su muerte en la cruz y su resurrección son la máxima expresión de su amor redentor, pero no olvidemos que toda su vida terrenal es revelación y enseñanza. En la temporada navideña recordamos su infancia. Para crecer en la fe, necesitaríamos contemplar más a menudo a Jesús Niño. Por supuesto, no conocemos mucho de este período. Las pocas indicaciones que tenemos se refieren a la imposición del nombre ocho días después de su nacimiento y a la presentación en el Templo (cf. Lc 2,21-28); y también a la visita de los Reyes Magos y la posterior huida a Egipto (cf. Mt 2,1-23). Luego, hay un gran salto hasta los doce años, cuando junto a María y José, va de peregrinaje a Jerusalén para la Pascua, y en lugar de regresar con sus padres, se queda en el Templo para hablar con los doctores de la ley.

Como se puede ver, sabemos poco sobre Jesús Niño, pero podemos aprender mucho de Él si observamos la vida de los niños.

Es una buena costumbre que los padres y los abuelos tienen, la de observar a los niños, lo que hacen. Descubrimos, en primer lugar, que los niños quieren nuestra atención. ¿Están orgullosos de sí mismos? ¡No! Necesitan sentirse protegidos. Es necesario también para nosotros poner a Jesús en el centro de nuestras vidas y saber, aunque parezca paradójico, que tenemos la responsabilidad de protegerlo. Quiere estar en nuestros brazos, desea ser cuidado y poder mirarnos. Además, hacer sonreír al Niño Jesús para mostrarle nuestro amor y nuestra alegría porque Él está entre nosotros. Su sonrisa es un signo del amor que nos da la certeza de ser amados. Los niños, por último, aman jugar. Hacer que un niño se divierta significa abandonar nuestra lógica para entrar en la suya. Si queremos que se divierta, es necesario entender lo que le gusta a él y no ser egoístas haciendo que hagan cosas que nos gustan a nosotros. Es una lección para nosotros. Frente a Jesús, estamos llamados a abandonar nuestra pretensión de autonomía –y este es el meollo del asunto: nuestra pretensión de autonomía–, para en cambio abrazar la verdadera forma de libertad, que consiste en conocer a quien tenemos delante y servirlo. Él, siendo niño, es el Hijo de Dios que viene a salvarnos. Ha venido entre nosotros para mostrarnos el rostro del Padre lleno de amor y misericordia. Así que abracemos al Niño Jesús entre nuestros brazos, pongámonos a su servicio: Él es fuente de amor y serenidad. Será algo hermoso, hoy, cuando volvamos a casa, ir al pesebre y besar al Niño Jesús y decir: "Jesús, quiero ser humilde como tú, humilde como Dios", y pedirle esta gracia.

༄

Ver a Jesús en los pequeños excluidos

Hoy, mientras soplan vientos de guerra en el mundo y un modelo de desarrollo obsoleto continúa produciendo degradación humana, social y ambiental, la Navidad nos llama a contemplar la señal del Niño y a reconocerlo en los rostros de los niños, especialmente en aquellos para quienes, al igual que Jesús, "no hay lugar en la posada" (Lc 2,7).

Vemos a Jesús en los niños de todo el mundo donde la paz y la seguridad están amenazadas por el peligro de tensiones y nuevos conflictos. Vemos a Jesús en los niños cuyos padres no tienen trabajo y luchan por ofrecerles un futuro seguro y tranquilo. Y en aquellos a quienes se les ha robado la infancia, obligados a trabajar desde temprana edad o reclutados como soldados por mercenarios sin escrúpulos.

Vemos a Jesús en los muchos niños obligados a abandonar sus países, viajar solos en condiciones inhumanas y convertirse en presa fácil de traficantes de personas. Jesús conoce bien el dolor de no ser acogido y el cansancio de no tener un lugar donde descansar. Que nuestros corazones no estén cerrados como lo estuvieron las casas en Belén.

También a nosotros se nos muestra el signo de la Navidad: "un niño envuelto en pañales..." (Lc 2,12). Al igual que la Virgen María y San José, al igual que los pastores de Belén, recibamos en el Niño Jesús el amor de Dios hecho hombre por nosotros y comprometámonos, con su gracia, a hacer nuestro mundo más humano, más digno de los niños de hoy y de mañana.

☙

¿Qué será de los niños?

El Niño Jesús, nacido en Belén, es el signo dado por Dios a quienes esperaban la salvación, y permanece para siempre como el signo de la ternura de Dios y su presencia en el mundo. El ángel dice a los pastores: "Esto les servirá de señal: encontrarán un niño...".

Hoy en día, los niños también son un signo. Un signo de esperanza, un signo de vida, pero también un signo "diagnóstico" para entender el estado de salud de una familia, de una sociedad, de todo el mundo. Cuando los niños son acogidos, amados, cuidados y protegidos, la familia está sana, la sociedad mejora, el mundo es más humano.

Dios hoy nos repite también a nosotros, hombres y mujeres del siglo XXI: "Este es el signo para ustedes", busquen al niño... El Niño de Belén es frágil, como todos los recién nacidos. No sabe hablar, pero es la Palabra que se hizo carne, venida a cambiar el corazón y la vida de los hombres. Ese Niño, como todos los niños, es débil y necesita ser ayudado y protegido. Hoy en día, los niños también necesitan ser acogidos y defendidos, desde el seno materno.

Lamentablemente, en este mundo que ha desarrollado tecnologías más sofisticadas, todavía hay muchos niños en condiciones inhumanas, que viven en los márgenes de la sociedad, en las periferias de las grandes ciudades o en zonas rurales. Muchos niños todavía son explotados, maltratados, esclavizados, víctimas de violencia y tráfico ilícito. Demasiados niños hoy son refugiados, desplazados, a veces naufragados en los mares, especialmente en las aguas del Mediterráneo. De todo esto nos avergonzamos hoy ante Dios, ante Dios que se hizo Niño.

Y nos preguntamos: ¿quiénes somos ante el Niño Jesús? ¿Quiénes somos ante los niños de hoy? ¿Somos como María y José, que reciben a Jesús y lo cuidan con amor maternal y paternal? ¿O somos como Herodes, que quiere eliminarlo? ¿Somos como los pastores, que van rápidamente, se arrodillan para adorarlo y ofrecen sus humildes dones? ¿O somos indiferentes? ¿Somos quizás retóricos y piadosos, personas que explotan las imágenes de los niños pobres con fines lucrativos? ¿Somos capaces de estar junto a ellos, de "perder tiempo" con ellos? ¿Sabemos escucharlos, protegerlos, orar por ellos y con ellos? ¿O los descuidamos para ocuparnos de nuestros propios intereses?

"Este es para nosotros el signo: encontrarán un niño...". Quizás ese niño llore. Llora porque tiene hambre, porque tiene frío, porque quiere que lo sostengan... Hoy también lloran los niños, lloran mucho, y su llanto nos interpela. En un mundo que desperdicia toneladas de alimentos y medicamentos todos los días, hay niños que lloran en vano por el hambre y enfermedades fácilmente curables. En una época que proclama la protección de los menores, se comercian armas que terminan en manos de niños-soldados; se comercian productos fabricados por pequeños trabajadores esclavizados. Su llanto está sofocado: ¡el llanto de estos niños está sofocado! Deben luchar, deben trabajar, ¡no pueden llorar! Pero sus madres lloran por ellos, las actuales Raqueles: lloran a sus hijos y no quieren ser consoladas (cf. Mt 2,18).

"Este es para ustedes la señal: encontrarán un niño". El Niño Jesús nacido en Belén, cada niño que nace y crece en cualquier parte del mundo, es un signo de diagnóstico que nos permite evaluar el estado de salud de nuestra familia, nuestra comunidad y nuestra nación. De este diagnóstico franco y honesto puede surgir un nuevo estilo de vida en el que las relaciones no sean de conflicto, opresión o consumismo, sino relaciones de fraternidad, perdón y reconciliación, de compartir y amor.

⚜

Dios nace gratis

En Jesús, el Altísimo se ha hecho pequeño para ser amado por nosotros. En Jesús, Dios se ha hecho Niño para dejarse abrazar por nosotros. Pero, podemos preguntarnos, ¿por qué San Pablo llama "gracia" a la venida de Dios al mundo? Para decirnos que es completamente gratuita. Mientras que aquí en la Tierra todo parece responder a la lógica del dar para recibir, Dios viene de forma gratuita. Su amor no es negociable: no hemos hecho nada para merecerlo y nunca podremos recompensarlo.

Ha aparecido la gracia de Dios. Esta noche nos damos cuenta de que, cuando no estábamos a la altura, Él se hizo pequeño para nosotros; mientras estábamos ocupados con nuestros asuntos, Él vino entre nosotros. Aquí está el regalo que encontramos en Navidad: descubrimos con asombro que el Señor es toda la gratuidad posible, toda la ternura posible. Su gloria no nos deslumbra, su presencia no nos asusta. Nace pobre de todo, para conquistarnos con la riqueza de su amor.

Ha aparecido la gracia de Dios. Gracia es sinónimo de belleza. Esta noche, en la belleza del amor de Dios, también redescubrimos nuestra propia belleza, porque somos amados por Dios. En bien y en mal, en la salud y en la enfermedad, felices o tristes, a sus ojos aparecemos hermosos: no por lo que hacemos, sino por lo que somos. Hay en nosotros una belleza indeleble, intangible, una belleza inmutable que es el núcleo de nuestro ser. Hoy Dios nos lo recuerda, tomando con amor nuestra humanidad y haciéndola suya, "casándose" con ella para siempre.

¿Qué hacer ante esta gracia? Una sola cosa: aceptar el regalo. Antes de buscar a Dios, dejémonos buscar por Él, que nos busca primero. No partamos de nuestras capacidades, sino de su gracia, porque Él, Jesús, es el Salvador. Pongamos nuestros ojos en el Niño y dejémonos envolver por su ternura. Ya no tendremos excusas para no dejarnos amar por Él: lo que sale mal en la vida, lo que no funciona en la Iglesia, lo que no va bien en el mundo ya no será una justificación. Pasará a un segundo plano, porque frente al amor loco de Jesús, un amor lleno de dulzura y cercanía, no hay excusas. La pregunta en Navidad es: "¿Me dejo amar por Dios? ¿Me abandono a su amor que viene a salvarme?".

Un regalo tan grande merece una gran gratitud. Aceptar la gracia es saber agradecer. Pero nuestras vidas a menudo pasan lejos de la gratitud. Hoy es el día adecuado para acercarnos al tabernáculo, al pesebre, a la cuna, y decir gracias. Aceptemos el regalo que es Jesús, para luego convertirnos en don como Jesús. Convertirse en don es dar sentido a la vida. Y es la mejor manera de cambiar el mundo.

Jesús nos muestra esto esta noche: no cambió la historia forzando a nadie ni con palabras persuasivas, sino con el regalo de su vida. No esperó a que nos volviéramos buenos para amarnos, sino que se entregó gratuitamente a nosotros. Nosotros también no esperemos a que los demás se vuelvan buenos para hacerles el bien, que la Iglesia sea perfecta para amarla, o que los demás nos consideren para servirles. Comencemos nosotros. Esto es recibir el don de la gracia. Y la santidad no es otra cosa que preservar esta gratuidad.

María

El ángel le dijo: "No temas, María, porque has hallado
gracia delante de Dios. He aquí concebirás un hijo,
lo darás a luz y le pondrás por nombre Jesús".

Lc 1,30

༄

Decir sí al Señor

"Alégrate", dijo el ángel a María, "concebirás un hijo, lo darás
a luz y lo llamarás Jesús" (Lc 1,28.31). Parece un anuncio
de pura alegría destinado a hacer feliz a la Virgen: ¿quién entre
las mujeres de la época no soñaba con convertirse en la madre
del Mesías? Pero junto con la alegría, esas palabras anuncian a
María una gran prueba. ¿Por qué? Porque en ese momento ella
estaba "prometida en matrimonio" (v. 27). En esa situación, la
Ley de Moisés establecía que no debía haber relaciones sexuales ni
cohabitación. Entonces, al tener un hijo, María habría transgre-
dido la Ley, y las penas para las mujeres eran terribles: se preveía
la lapidación (cf. Deut 22,20-21). Ciertamente, el mensaje divino
habrá llenado el corazón de María de luz y fuerza; sin embargo, se
encontró ante una elección crucial: decir "sí" a Dios arriesgando
todo, incluso la vida, o declinar la invitación y seguir adelante
con su camino ordinario.

¿Qué hace? Responde así: "Hágase en mí según tu palabra"
(Lc 1,38). "Hágase" (*fiat*). Pero en el idioma en que está escrito
el Evangelio, no es simplemente un "que se haga". La expresión

verbal indica un fuerte deseo, indica la voluntad de que algo se cumpla. María, en otras palabras, no dice: "Si debe ocurrir, que ocurra..., si no se puede hacer de otra manera...". No es resignación. No expresa una aceptación débil y sumisa, expresa un deseo fuerte, un deseo vivo. No es pasiva, es activa. No sufre a Dios, se adhiere a Dios. Es una enamorada dispuesta a servir en todo y enseguida a su Señor. Podría haber pedido un poco de tiempo para pensarlo, o más explicaciones sobre lo que sucedería; tal vez poner algunas condiciones... En cambio, no se toma tiempo, no hace esperar a Dios, no pospone.

¿Cuántas veces –pensemos en nosotros ahora– cuántas veces nuestra vida está llena de aplazamientos, incluso en la vida espiritual? Por ejemplo: sé que rezar me hace bien, pero hoy no tengo tiempo... "mañana, mañana, mañana, mañana..." aplazamos las cosas: lo haré mañana; sé que ayudar a alguien es importante, sí, debo hacerlo: lo haré mañana. Es la misma cadena de los "mañana"... Aplazar las cosas. Hoy, al borde de la Navidad, María nos invita a no aplazar, a decir "sí": "¿Debo rezar?". "Sí, y rezaré". "¿Debo ayudar a los demás? Sí". ¿Cómo lo hago? Lo hago. Sin aplazar. Cada "sí" cuesta. Cada "sí" cuesta, pero siempre menos de lo que le costó a ella ese "sí" valiente, ese "sí" listo, ese "hágase en mí según tu palabra" que nos trajo la salvación.

༺჊༻

María reconoce el tiempo de Dios

Fijemos nuestra mirada en esta sencilla joven de Nazaret en el momento en que se hace disponible al mensaje divino con su "sí"; comprendamos dos aspectos esenciales de su actitud, que son un modelo para prepararnos para la Navidad.

En primer lugar, su fe, su actitud de fe, que consiste en escuchar la Palabra de Dios para entregarse a esta Palabra con plena disponibilidad de mente y corazón. Respondiendo al Ángel, María dijo: "He aquí la sierva del Señor; hágase conmigo conforme a tu palabra" (v. 38). En su "aquí estoy" lleno de fe, María no sabe por qué caminos tendrá que aventurarse, qué dolores tendrá que sufrir, qué riesgos enfrentará. Pero es consciente de que es el Señor quien está pidiendo y ella confía plenamente en Él, se abandona a su amor. ¡Esta es la fe de María!

Otro aspecto es la capacidad de la Madre de Cristo para reconocer el tiempo de Dios. María es la que hizo posible la encarnación del Hijo de Dios, "la revelación del misterio que estuvo oculto desde los tiempos eternos" (Rom 16,25). Hizo posible la encarnación de la Palabra gracias a su "sí" humilde y valiente. María nos enseña a reconocer el momento propicio en el que Jesús pasa por nuestras vidas y requiere una respuesta pronta y generosa. Y Jesús pasa. De hecho, el misterio del nacimiento de Jesús en Belén, que ocurrió históricamente hace más de dos mil años, se actualiza, como un evento espiritual, en el "hoy" de la Liturgia. El Verbo, que encontró morada en el seno virginal de María, en la celebración de la Navidad, viene a buscar nuevamente el corazón de cada cristiano: pasa y llama. Cada uno de nosotros está llamado a responder, como María, con un "sí" personal y sincero, poniéndose completamente a disposición de Dios y de su misericordia, de su amor. Cuántas veces Jesús pasa por nuestras vidas, y cuántas veces nos envía un ángel, y cuántas veces no nos damos cuenta, porque estamos tan ocupados, inmersos en nuestros pensamientos, en nuestros asuntos e incluso, en estos días, en nuestros preparativos navideños, que no lo notamos mientras pasa y llama a la puerta de nuestro corazón, buscando ser acogido, buscando un "sí", como el de María. Un santo decía: "Temo que el Señor pase". ¿Sabes por qué tenía miedo? Temía no darse cuenta y dejarlo pasar. Cuando sentimos en nuestro corazón: "Quisiera ser mejor, más bueno... Me arrepiento de lo que he hecho...". Es el Señor mismo quien llama. Te hace sentir esto: el deseo de mejorar, el deseo de acercarte más a los demás, a Dios. Si sientes esto, detente. ¡El Señor está allí! Ve a orar y, tal vez, a confesarte, para limpiarte un poco... esto es bueno. Pero recuerda bien: si sientes ese deseo de mejorar, es Él quien llama. ¡No lo dejes pasar!

༒

Con María, el Señor cambia el destino del hombre

María se nos presenta [cf. Mt 1,18-24] a la luz de la profecía que dice: "He aquí que la virgen concebirá y dará a luz un hijo" (v. 23). El evangelista Mateo reconoce que esto sucedió en María, quien concibió a Jesús por obra del Espíritu Santo (cf. v. 18). El Hijo de Dios "viene" en su seno para convertirse en hombre y ella lo recibe. Así, de manera única, Dios se acercó a la humanidad tomando carne de una mujer: Dios se acercó a nosotros y tomó carne de una mujer. También a nosotros, de manera diferente, Dios se acerca con su gracia para entrar en nuestra vida y ofrecernos como regalo a su Hijo. ¿Y qué hacemos nosotros? ¿Lo recibimos, lo dejamos acercarse o lo rechazamos, lo echamos fuera? Al igual que María, al ofrecerse libremente al Señor de la historia, le permitió cambiar el destino de la humanidad, así también nosotros, al recibir a Jesús y buscar seguirlo cada día, podemos colaborar en su plan de salvación para nosotros y para el mundo. María, por lo tanto, se presenta como un modelo al que mirar y un apoyo en el que confiar en nuestra búsqueda de Dios, en nuestra cercanía a Dios, en permitir que Dios se acerque a nosotros y en nuestro compromiso de construir una civilización del amor.

~~

María nos enseña a no dejarnos abrumar por las dificultades

El Evangelio de la Liturgia del cuarto Domingo de Adviento relata la visita de María a Isabel (cf. Lc 1,39-45). Después de recibir el anuncio del ángel, la Virgen no se queda en casa reflexionando sobre lo que ha ocurrido y considerando los problemas e imprevistos que, sin duda, no faltaban. María, en lugar de centrarse en sus propios problemas, piensa en quienes necesitan ayuda. Piensa en su pariente Isabel, que está avanzada en edad y embarazada, un evento sorprendente y milagroso. María se pone en marcha con generosidad, sin dejar que la incomodidad del viaje la intimide, respondiendo a un impulso interior que la llama a acercarse y brindar ayuda. A pesar de la larga distancia que debía recorrer a pie, María sale para ofrecer ayuda y compartir su alegría. María le brinda a Isabel la alegría de Jesús, la alegría que llevaba en su corazón y en su vientre. María va a visitar a Isabel y expresa sus sentimientos, que más tarde se convierten en una oración, el Magníficat, que todos conocemos. El texto dice que María "se levantó y fue rápidamente" (v. 39).

Se levantó y fue. Permitámonos ser guiados por estos dos verbos. Levantarse y caminar rápidamente son los dos movimientos que María hizo y que también nos invita a hacer en preparación para la Navidad. Primero, levantarse. Después del anuncio del ángel, a la Virgen se le avecinaba un período difícil: su embarazo inesperado la exponía a malentendidos e incluso a severos castigos, como la lapidación, de acuerdo con la cultura de esa época. Podemos imaginar cuántos pensamientos y preocupaciones tenía. Sin embargo, no se desanimó, no se deprimió, sino que se levantó. No miró hacia abajo, hacia los problemas, sino hacia arriba, hacia Dios. Y no pensó en a quién pedir ayuda, sino en a quién brindar ayuda. Siempre pensaba en los demás. Así es María, siempre pensando en las necesidades de los demás. Lo mismo haría después, en las bodas de Caná, cuando se dio cuenta de que faltaba vino. Era un problema de otra gente, pero ella lo notó y trató de encontrar una solución. María siempre piensa en los demás. También piensa en nosotros. Aprendamos de la Virgen este modo de reaccionar: levantarnos, sobre todo cuando las dificultades amenazan con aplastarnos. Levantarnos para no quedarnos atrapados en los problemas, hundiéndonos en la autocompasión o cayendo en una tristeza paralizante. ¿Pero por qué levantarnos? Porque Dios es grande y está listo para levantarnos si le extendemos la mano. Entonces, pongamos en Él los pensamientos negativos, los miedos que bloquean cualquier impulso y nos impiden avanzar. Y luego, hagamos como María: miremos a nuestro alrededor y busquemos a alguien a quien podamos ayudar. ¿Hay algún anciano que conozco a quien pueda brindarle un poco de ayuda, compañía? Cada uno piénselo. ¿O hacer un servicio a una persona, un acto amable, una llamada telefónica? ¿A quién puedo brindar ayuda? Me levanto y ayudo. Ayudando a los demás, nos ayudaremos a nosotros mismos a levantarnos de las dificultades.

El segundo movimiento es caminar rápidamente. No significa avanzar con agitación o de manera apresurada, no, no significa eso. Se trata en cambio de llevar nuestros días con paso alegre, mirando hacia adelante con confianza, sin arrastrarnos de mala gana ni ser esclavos de las quejas; esas quejas arruinan muchas vidas, porque uno comienza a quejarse y quejarse, y la vida se desmorona. Las quejas te llevan siempre a buscar a alguien a quien culpar. Al ir a la casa de Isabel, María avanza con el paso ligero de alguien que tiene el corazón y la vida llenos de Dios, llenos de su alegría. Entonces, preguntémonos: ¿cómo es mi "paso"? ¿Soy proactivo o me quedo en la melancolía, la tristeza? ¿Sigo adelante con esperanza o me detengo para lamentarme? Si avanzamos con el paso cansado de los que se quejan y hablan sin cesar, no llevaremos a Dios a nadie, solo llevaremos amargura, cosas oscuras. En cambio, cultivar un sano sentido del humor hace mucho bien, como lo hicieron, por ejemplo, Santo Tomás Moro o San Felipe Neri. También podemos pedir esta gracia, la gracia de un sano sentido del humor: hace mucho bien. No olvidemos que el primer acto de caridad que podemos hacer por los demás es ofrecerles un rostro sereno y sonriente. Es llevarles la alegría de Jesús, como lo hizo María con Isabel.

༄

María nos ha dado la luz

María "dio a luz a su hijo primogénito, lo envolvió en pañales y lo acostó en un pesebre, porque no había lugar para ellos en el alojamiento" (Lc 2,7). Con esta expresión simple pero clara, Lucas nos lleva al corazón de esa santa noche: María dio a luz, María nos dio la Luz. Es un relato sencillo que nos sumerge en el evento que cambia para siempre nuestra historia. Todo, en esa noche, se convirtió en fuente de esperanza.

Si retrocedemos algunos versículos. Por decreto del emperador, María y José se vieron obligados a partir. Tuvieron que dejar atrás a su gente, su hogar, su tierra y emprender un viaje para ser censados. Un viaje nada cómodo ni fácil para una joven pareja que estaba a punto de tener un hijo: se vieron obligados a dejar su tierra. Sus corazones estaban llenos de esperanza y futuro debido al niño que estaba por venir; sin embargo, sus pasos estaban cargados de incertidumbres y peligros propios de quienes deben abandonar su hogar.

Y luego se encontraron enfrentando quizás lo más difícil: llegar a Belén y experimentar que era una tierra que no los esperaba, una tierra donde no había lugar para ellos.

Y justo allí, en esa realidad desafiante, María nos regaló a Emmanuel.

❦

Partir de nuevo de las mujeres

"Cuando llegó la plenitud del tiempo, Dios envió a su Hijo, nacido de mujer" (Gál 4,4). Nacido de mujer: así vino Jesús. No apareció en el mundo como adulto, sino que, como nos dice el Evangelio, fue "concebido en el seno" (Lc 2,21): allí asumió nuestra humanidad, día tras día, mes tras mes. En el seno de una mujer, Dios y la humanidad se unieron para nunca separarse: incluso ahora, en el cielo, Jesús vive en la carne que tomó del seno de su madre. ¡En Dios está nuestra carne humana!

Celebramos esta unión entre Dios y el hombre, inaugurada en el vientre de una mujer. En Dios estará siempre nuestra humanidad, y María será para siempre la Madre de Dios. Es mujer y madre, eso es lo esencial. De ella, mujer, surgió la salvación, y por lo tanto, no hay salvación sin la mujer. Allí Dios se unió a nosotros y, si queremos unirnos a Él, debemos seguir el mismo camino: a través de María, mujer y madre, la mujer que tejió la humanidad de Dios. Si queremos tejer con humanidad las tramas de nuestro tiempo, debemos partir de nuevo de la mujer.

Nacido de mujer. El renacimiento de la humanidad comenzó con la mujer. Las mujeres son fuentes de vida. Sin embargo, son continuamente objeto de ofensas, golpes, violaciones, coaccionadas a prostituirse y a abortar la vida que llevan en su vientre. Cada violencia infligida a la mujer es una profanación de Dios, que nació de una mujer. La salvación para la humanidad vino del cuerpo de una mujer: cómo tratamos el cuerpo de la mujer refleja nuestro nivel de humanidad. Con demasiada frecuencia, el cuerpo de la mujer se sacrifica en los altares profanos de la publicidad, el lucro, la pornografía, se utiliza como algo que se puede explotar. Debe ser liberado del consumismo, respetado y honrado; es la carne más noble del mundo, la que concibió y dio a luz al Amor que nos salvó. Hoy en día, incluso la maternidad es denigrada, porque la única forma de crecimiento que importa es el crecimiento económico. Hay madres que se arriesgan en viajes peligrosos en busca de un futuro mejor para sus hijos y son consideradas números excedentes por personas que tienen el estómago lleno de cosas, pero el corazón vacío de amor.

Nacido de mujer. Jesús, apenas nacido, se reflejó en los ojos de una mujer, en el rostro de su madre. De ella recibió sus primeras caricias, con ella compartió sus primeras sonrisas. Con ella, comenzó la revolución de la ternura. La Iglesia, al mirar al niño Jesús, está llamada a continuarla. También ella, como María, es mujer y madre; la Iglesia es mujer y madre, y en la Virgen encuentra sus rasgos distintivos. La ve, inmaculada, y se siente llamada a decir "no" al pecado y a la mundanalidad. La ve, fecunda, y se siente llamada a anunciar al Señor, a darlo a luz en las vidas. La ve, madre, y se siente llamada a acoger a cada ser humano como un hijo.

⌘

El mensaje de María

Imaginemos a María, como una madre tierna y preocupada, que acaba de acostar a Jesús en el pesebre. En ese acto de acostarlo, podemos ver un regalo hecho para nosotros: la Virgen María no retiene a su Hijo para sí misma, sino que nos lo presenta; no lo sostiene solo en sus brazos, sino que lo coloca allí para invitarnos a mirarlo, recibirlo y adorarlo. Así es la maternidad de María: el Hijo que ha nacido se nos ofrece a todos nosotros. Siempre entregando al Hijo, señalando al Hijo, nunca reteniéndolo como algo propio, no. Y así fue durante toda la vida de Jesús.

Y al colocarlo ante nuestros ojos, sin decir una palabra, nos regala un mensaje maravilloso: Dios está cerca, al alcance de la mano. No viene con el poder de aquel que quiere ser temido, sino con la fragilidad de aquel que pide ser amado; no juzga desde lo alto de un trono, sino que nos mira desde abajo como un hermano, más aún, como un hijo. Nace pequeño y necesitado para que nadie tenga que avergonzarse de sí mismo: precisamente cuando experimentamos nuestra debilidad y fragilidad, podemos sentir a Dios aún más cerca, porque se nos presentó de esta manera, débil y frágil. Es el Dios niño que nace para no excluir a nadie. Para hacernos a todos hermanos y hermanas.

Así es Dios, en los brazos de su Madre y colocado en un pesebre, nos anima con ternura. Necesitamos este aliento. Muchos se sienten temerosos por el futuro y cargados por las situaciones sociales, problemas personales, peligros provenientes de la crisis ecológica, injusticias y desequilibrios económicos a nivel mundial. Al mirar a María sosteniendo a su Hijo en sus brazos y colocándolo en un pesebre, pienso en las jóvenes madres y sus hijos que huyen de guerras y hambrunas o esperan en campos de refugiados. ¡Son tantos! Y al contemplar a María que pone a Jesús a disposición de todos, recordamos que el mundo cambia y la vida mejora para todos cuando nos ponemos a disposición de los demás, sin esperar a que ellos lo hagan primero. Si nos convertimos en artesanos de la fraternidad, podremos tejer de nuevo los hilos de un mundo desgarrado por la guerra y la violencia.

༄

Aprendamos de María a meditar en el corazón

María, la Santa Madre de Dios, tuvo que enfrentar "el escándalo del pesebre". En realidad, mucho antes que los pastores, ella había recibido el anuncio de un ángel, quien le había hablado solemnemente sobre el trono de David: "Concebirás un hijo, lo darás a luz y lo llamarás Jesús. Será grande y será llamado Hijo del Altísimo; el Señor Dios le dará el trono de David su padre"

(Lc 1,31-32). Y ahora, ella tiene que colocarlo en un pesebre para animales. ¿Cómo conciliar el trono del rey y el humilde pesebre? ¿Cómo reconciliar la gloria del Altísimo con la miseria de un establo? Pensemos en el pesar de la Madre de Dios. ¿Qué puede ser más doloroso para una madre que ver a su hijo sufrir en la pobreza? Es verdaderamente desalentador. No se podría culpar a María si se hubiera quejado de toda esa desolación inesperada. Pero ella no se desanima. No se queja, sino que guarda silencio. Opta por un enfoque diferente al del lamento: "Pero María, por su parte, guardaba todas estas cosas, meditándolas en su corazón" (Lc 2,19), dice el Evangelio.

Es una forma diferente de actuar en comparación con los pastores y la gente. Ellos cuentan a todos lo que han visto: el ángel que apareció en medio de la noche, sus palabras sobre el Niño. Y la gente, al escuchar estas cosas, se llena de asombro (cf. v. 18): palabras y maravilla. María, en cambio, parece reflexiva.

Ella guarda y medita en su corazón. Son dos actitudes diferentes que también podemos encontrar en nosotros. El relato y el asombro de los pastores recuerdan la condición de los principios en la fe. Allí todo es fácil y lineal, se alegran por la novedad de Dios que entra en la vida, llevando en cada aspecto un clima de maravilla. Mientras que la actitud reflexiva de María es la expresión de una fe madura, adulta, no de los comienzos. De una fe que no acaba de nacer, de una fe que se ha vuelto generativa. Porque la fecundidad espiritual pasa por la prueba. Desde la tranquilidad de Nazaret y las promesas triunfantes recibidas del ángel –su inicio–, María se encuentra ahora en el oscuro establo de Belén. Pero es allí donde da a Dios al mundo. Y mientras que otros, frente al escándalo del pesebre, se habrían sentido desalentados, ella no: guarda meditando.

Aprendamos de la Madre de Dios esta actitud: custodiar y meditar. Porque también nosotros a veces tenemos que enfrentar ciertos "escándalos del pesebre". Esperamos que todo vaya bien y luego, como un rayo en cielo despejado, llega un problema inesperado. Y se crea un doloroso choque entre las expectativas y la realidad. También sucede en la fe, cuando la alegría del Evangelio es puesta a prueba por una situación difícil en la que estamos transitando. Pero hoy la Madre de Dios nos enseña a sacar provecho de este choque. Ella nos muestra que es necesario, que es el camino estrecho para llegar a la meta, la cruz sin la cual no hay resurrección. Es como un doloroso parto que da vida a una fe más madura.

¿Cómo realizar esta transición, cómo superar el choque entre lo ideal y lo real? Haciendo, precisamente, lo que hizo María: custodiando y meditando. En primer lugar, María custodia, es decir, no desecha. No rechaza lo que sucede. Conserva en su corazón todo, todo lo que ha visto y oído. Las cosas hermosas, como lo que le dijo el ángel y lo que le contaron los pastores. Pero también las cosas difíciles de aceptar: el peligro que corrió al quedar embarazada antes del matrimonio, y ahora la angustia desoladora del establo donde dio a luz. Esto es lo que hace María: no selecciona, sino que custodia. Acepta la realidad tal como es, no intenta disfrazar o maquillar la vida, la custodia en su corazón.

Y luego está la segunda actitud. ¿Cómo cuida María? Cuida meditando. El verbo utilizado en el Evangelio evoca la interconexión entre las cosas: María compara diferentes experiencias, encontrando los hilos ocultos que las conectan. En su corazón, en su oración, realiza esta operación extraordinaria: une las cosas hermosas con las cosas feas; no las mantiene separadas, sino que las une. Y por eso María es la Madre de la catolicidad. Podemos decir, en un sentido amplio, que María es católica por esto, porque une, no separa. Así captura el significado completo, la perspectiva de Dios. En su corazón de madre comprende que la gloria del Altísimo pasa por la humildad; ella abraza el plan de salvación, por el cual Dios debía acostarse en un pesebre. Ve al niño divino frágil y tembloroso, y acoge la maravillosa trama divina entre grandeza y pequeñez.

José

Despertándose del sueño, José hizo como le había ordenado el ángel del Señor y tomó consigo a su esposa, la cual, sin que él la conociera, dio a luz a un hijo al que llamó Jesús.

Mt 1,24-25

❧

José acepta el plan del Señor

El Evangelio nos narra los eventos que precedieron al nacimiento de Jesús, y el evangelista Mateo los presenta desde la perspectiva de San José, el prometido esposo de la Virgen María.

José y María vivían en Nazaret; aún no vivían juntos porque el matrimonio no se había consumado. En ese tiempo, María, después de recibir el anuncio del Ángel, quedó embarazada por obra del Espíritu Santo. Cuando José se da cuenta de esto, se siente desconcertado. El Evangelio no nos dice cuáles fueron sus pensamientos, pero nos cuenta lo esencial: él busca hacer la voluntad de Dios y está dispuesto a la renuncia más radical. En lugar de defenderse y hacer valer sus derechos, José elige una solución que representa un gran sacrificio para él. Y el Evangelio dice: "Como era un hombre justo y no quería exponerla públicamente, pensó en divorciarse de ella en secreto" (1,19).

Esta breve frase resume un verdadero drama interior, si pensamos en el amor que José sentía por María. Pero incluso en tal situación, José quiere hacer la voluntad de Dios y decide, seguramente con un gran dolor, despedir a María en secreto. Es necesario reflexionar sobre estas palabras para comprender la prueba que José tuvo que enfrentar en los días previos al nacimiento de Jesús. Una prueba similar a la del sacrificio de Abraham, cuando Dios le pidió a su hijo Isaac (cf. Gén 22): renunciar a lo más preciado, a la persona más amada. Pero, como en el caso de Abraham, el Señor interviene: ha encontrado la fe que buscaba y abre un camino diferente, un camino de amor y felicidad. Le dice a José: "José, hijo de David, no temas recibir a María, tu esposa, porque lo que ha sido engendrado en ella viene del Espíritu Santo" (Mt 1,20).

Este Evangelio muestra toda la grandeza de espíritu de San José. Estaba siguiendo un buen proyecto de vida, pero Dios tenía reservado para él otro plan, una misión más grande. José era un hombre que siempre escuchaba la voz de Dios, profundamente sensible a su voluntad secreta, un hombre atento a los mensajes que le llegaban desde lo más profundo de su corazón y desde lo alto. No se empeñó en seguir su propio proyecto de vida, no permitió que el rencor envenenara su alma, sino que estuvo dispuesto a ponerse al servicio de la novedad que se le presentaba de manera desconcertante. Así era él, un hombre bueno. No odiaba y no permitía que el rencor envenenara su alma. Pero cuántas veces el odio, la antipatía e incluso el rencor envenenan nuestras almas. Y eso duele. Nunca permitas que eso suceda: él es un ejemplo de esto. Y así, José se volvió aún más libre y grande. Aceptándose según el plan del Señor, José se encuentra plenamente a sí mismo, más allá de sí mismo. Su libertad para renunciar a lo que es suyo, a la posesión de su propia existencia, y su plena disponibilidad interior a la voluntad de Dios, nos interpelan y nos muestran el camino.

Nos disponemos a celebrar la Navidad contemplando a María y José: María, la mujer llena de gracia que tuvo el coraje de confiar plenamente en la Palabra de Dios; José, el hombre fiel y justo que prefirió creer en el Señor en lugar de escuchar las voces de la duda y el orgullo humano. Con ellos, caminamos juntos hacia Belén.

❧

Aceptemos las sorpresas, como José

¿Qué nos dice José hoy a nosotros? También nosotros tenemos nuestros sueños, y tal vez en Navidad pensamos en ellos con más intensidad y los compartimos. Quizás lamentamos algunos sueños rotos y vemos que las mejores expectativas a menudo deben enfrentarse a situaciones inesperadas y desconcertantes. Y cuando esto sucede, José nos señala el camino: no debemos sucumbir a sentimientos negativos como la ira y el retraimiento, ¡este es el camino equivocado! En cambio, debemos recibir las sorpresas, las sorpresas de la vida, incluso las crisis, con atención: cuando estamos en crisis, no debemos tomar decisiones precipitadas por instinto, sino dejarnos tamizar, como hizo José, "considerar todas las cosas" (cf. v. 20) y basarnos en el criterio fundamental: la misericordia de Dios. Cuando vivimos la crisis sin ceder al cierre, la ira y el miedo, pero manteniendo la puerta abierta a Dios, Él puede intervenir. Él es experto en transformar las crisis en sueños: sí, Dios abre las crisis a nuevas perspectivas que antes no imaginábamos, quizás no como esperamos, sino como Él sabe. Y estos son, hermanos y hermanas, los horizontes de Dios: sorprendentes, pero infinitamente más amplios y hermosos que los nuestros.

❧

El custodio de Jesús

Junto a María, en una actitud de protección hacia el Niño y su madre, se encuentra San José. Por lo general, se le representa con un bastón en la mano y, a veces, sosteniendo una lámpara. San José desempeña un papel muy importante en la vida de Jesús y María. Él es el guardián que nunca se cansa de proteger a su familia. Cuando Dios le advierte sobre la amenaza de Herodes, no duda en emprender un viaje y emigrar a Egipto (cf. Mt 2,13-15).

Una vez que ha pasado el peligro, lleva a la familia de regreso a Nazaret, donde se convierte en el primer educador de Jesús cuando era niño y adolescente. San José llevaba en su corazón el gran misterio que rodeaba a Jesús y a María, su esposa, y como hombre justo siempre confió en la voluntad de Dios y la puso en práctica.

⌘

Un educador modelo

San José merece todo nuestro reconocimiento y devoción por cómo supo cuidar a la Santa Virgen y al Niño Jesús. Ser custodio es la característica de José: es su gran misión, ser custodio.

Hoy quisiera retomar el tema de la custodia desde una perspectiva particular: la perspectiva educativa. Miremos a José como el modelo del educador que cuida y acompaña a Jesús en su proceso de crecimiento "en sabiduría, edad y gracia", como dice el Evangelio. Él no era el padre de Jesús: el padre de Jesús era Dios, pero él actuaba como padre de Jesús para ayudarlo a crecer. ¿Y cómo lo hizo crecer? En sabiduría, edad y gracia.

Empecemos por la edad, que es la dimensión más natural, el crecimiento físico y psicológico. José, junto con María, se ocupó principalmente de Jesús en este aspecto, es decir, lo "crió", asegurándose de que no le faltara lo necesario para un desarrollo saludable. No olvidemos que el cuidado atento de la vida del Niño también implicó la huida a Egipto, la dura experiencia de vivir como refugiados, José fue un refugiado, junto a María y Jesús, para escapar de la amenaza de Herodes. Luego, una vez que regresaron a su tierra natal y se establecieron en Nazaret, hay todo un período largo de la vida de Jesús en su familia. Durante esos años, José también enseñó a Jesús su oficio, y Jesús aprendió a ser carpintero con su padre José. Así es como José hizo crecer a Jesús. Pasemos a la segunda dimensión de la educación, la "sabiduría". José fue para Jesús un ejemplo y maestro de esta sabiduría, que se nutre de la Palabra de Dios.

Podemos imaginar cómo José educó al joven Jesús para que escuchara las Sagradas Escrituras, especialmente acompañándolo los sábados a la sinagoga de Nazaret. Y José lo acompañaba para que Jesús escuchara la Palabra de Dios en la sinagoga.

Y finalmente, la dimensión de la "gracia". San Lucas siempre se refiere a Jesús diciendo: "La gracia de Dios estaba sobre él" (2,40). Aquí, ciertamente, la parte reservada a San José es más limitada en comparación con las áreas de la edad y la sabiduría. Pero sería un grave error pensar que un padre y una madre no pueden hacer nada para educar a sus hijos a crecer en la gracia de Dios. Crecer en edad, crecer en sabiduría, crecer en gracia: este es el trabajo que hizo José con Jesús, ayudarlo a crecer en estas tres dimensiones, ayudarlo a crecer.

⤳

Con corazón de padre

Con corazón de padre: así amó José a Jesús, a quien se le llama "el hijo de José" en los cuatro Evangelios.

Los dos evangelistas que destacan su figura, Mateo y Lucas, cuentan poco pero lo suficiente para entender qué tipo de padre fue y la misión encomendada por la Providencia.

Sabemos que era un humilde carpintero (cf. Mt 13,55), prometido de María (cf. Mt 1,18; Lc 1,27); un "hombre justo" (Mt 1,19), siempre dispuesto a cumplir la voluntad de Dios manifestada en su Ley (cf. Lc 2,22.27.39) y a través de cuatro sueños (cf. Mt

1,20; 2,13.19.22). Después de un largo y agotador viaje desde Nazaret hasta Belén, vio nacer al Mesías en un establo, porque en otro lugar "no había lugar para ellos" (Lc 2,7). Fue testigo de la adoración de los pastores (cf. Lc 2,8-20) y de los Reyes Magos (cf. Mt 2,1-12), que representaban respectivamente al pueblo de Israel y a los pueblos paganos.

Tuvo el coraje de asumir la paternidad legal de Jesús, a quien impuso el nombre revelado por el Ángel: "Le pondrás por nombre Jesús, porque él salvará a su pueblo de sus pecados" (Mt 1,21). Como se sabe, dar un nombre a una persona o cosa en las antiguas culturas significaba afirmar su pertenencia, como hizo Adán en el relato del Génesis (cf. 2,19-20).

En el Templo, cuarenta días después del nacimiento, José ofreció al Niño al Señor junto con la madre y escuchó asombrado la profecía que Simeón pronunció sobre Jesús y María (cf. Lc 2,22-35). Para proteger a Jesús de Herodes, se refugió en Egipto como extranjero (cf. Mt 2,13-18). De regreso a su tierra, vivió escondido en el pequeño y desconocido pueblo de Nazaret en Galilea –de donde, se decía, "ningún profeta surge" y "nada bueno puede venir jamás" (ver Juan 7,52; 1,46)–, lejos de Belén, su ciudad natal, y de Jerusalén, donde se encontraba el Templo. Durante un peregrinaje a Jerusalén, cuando Jesús tenía doce años, lo perdieron y él y María lo buscaron angustiados, encontrándolo finalmente en el Templo discutiendo con los doctores de la Ley (cf. Lc 2,41-50).

Después de María, Madre de Dios, ningún Santo ocupa tanto espacio en el Magisterio pontificio como José, su esposo. Mis Predecesores han profundizado en el mensaje contenido en los pocos datos transmitidos por los Evangelios para destacar aún más su papel central en la historia de la salvación: el Beato Pío IX lo declaró "Patrono de la Iglesia Católica", el Venerable Pío XII lo presentó como "Patrono de los trabajadores" y San Juan

Pablo II como "Custodio del Redentor". El pueblo lo invoca como "patrono de la buena muerte".

Todos pueden encontrar en San José, el hombre que pasa desapercibido, el hombre de presencia diaria, discreta y oculta, un intercesor, un apoyo y una guía en los momentos de dificultad. San José nos recuerda que todos aquellos que aparentemente están ocultos o en "segundo plano" tienen un protagonismo sin igual en la historia de la salvación. A todos ellos va una palabra de reconocimiento y gratitud.

Belén

Jesús nació en Belén de Judea, durante el reinado del rey Herodes.

Mt 2,1

༄

El sabor del pan

Belén: su nombre significa "casa del pan". En esta "casa", el Señor cita a la humanidad hoy. Él sabe que necesitamos comida para vivir. Pero también sabe que los alimentos del mundo no sacian el corazón.

En Belén descubrimos que la vida de Dios fluye por las venas de la humanidad. Si lo acogemos, la historia cambia desde cada uno de nosotros. Porque cuando Jesús cambia el corazón, el centro de la vida ya no es mi yo hambriento y egoísta, sino Él, que nace y vive por amor. Llamados esta noche a subir a Belén, la casa del pan, preguntémonos: ¿cuál es la comida de mi vida de la que no puedo prescindir? ¿Es el Señor o es otra cosa? Luego, al entrar en la gruta y ver en la tierna pobreza del Niño una nueva fragancia de vida, la de la simplicidad, preguntemos: ¿realmente necesito muchas cosas y recetas complicadas para vivir? ¿Puedo prescindir de muchos adornos innecesarios y elegir una vida más sencilla? En Belén, junto a Jesús, vemos a personas que han caminado, como María, José y los pastores. Jesús es el Pan del camino. No le gustan las digestiones perezosas, largas y sedentarias, sino que pide levantarse rápidamente de la mesa para servir, como panes partidos para otros. Preguntémonos: ¿en Navidad comparto mi pan con aquellos que carecen de él?

"Iremos, pues, hasta Belén" (Lc 2,15): así dijeron y lo hicieron los pastores. También nosotros, Señor, queremos ir a Belén. El camino, incluso hoy, es cuesta arriba: debemos superar la cima del egoísmo, no deslizarnos por los abismos de la mundanalidad y el consumismo. Quiero llegar a Belén, Señor, porque es allí donde me esperas. Y darme cuenta de que Tú, depositado en un pesebre, eres el pan de mi vida. Necesito la dulce fragancia de tu amor para ser, a su vez, pan partido para el mundo. Llévame en tus hombros, buen Pastor: amado por Ti, podré amar y tomar de la mano a mis hermanos. Entonces será Navidad, cuando pueda decirte: "Señor, tú lo sabes todo, sabes que te amo" (cf. Jn 21,17).

༈

Belén, tierra de humildad

Observamos el lugar donde nació Jesús: Belén. Un pequeño pueblo de Judea donde mil años antes había nacido David, el pastor elegido por Dios como rey de Israel. Belén no es una capital, y por eso es preferida por la providencia divina, que ama actuar a través de los pequeños y humildes. En ese lugar nace el "hijo de David" tan esperado, Jesús, en quien la esperanza de Dios y la esperanza del hombre se encuentran.

༈

Desde Belén, una chispa de esperanza

El Hijo de Dios tuvo que nacer en un establo porque aquellos que eran de su propia gente no tenían lugar para Él. "Vino a los suyos, y los suyos no lo recibieron" (Jn 1,11). Y allí, en medio de la oscuridad de una ciudad que no tiene espacio ni lugar para el forastero que viene de lejos, en medio de la oscuridad de una ciudad en pleno movimiento y que en este caso parece querer construirse dando la espalda a los demás, precisamente allí se enciende la chispa revolucionaria de la ternura de Dios. En Belén se creó una pequeña abertura para aquellos que han perdido la tierra, la patria, los sueños; incluso para aquellos que han sucumbido a la asfixia producida por una vida cerrada.

༄

Regresemos a Belén

Miremos una última vez al pesebre, ampliando nuestra mirada hasta sus confines, donde vislumbramos a los Reyes Magos, en peregrinación para adorar al Señor. Miremos y entendamos que alrededor de Jesús todo se reúne en unidad: no solo están los más humildes, los pastores, sino también los sabios y ricos, los Magos. En Belén están juntos los pobres y los ricos, los que adoran como los Magos y los que trabajan como los pastores. Todo se armoniza cuando en el centro está Jesús: no nuestras ideas sobre Jesús, sino Él, el Viviente. Entonces, queridos hermanos y hermanas, volvamos a Belén, volvamos a los orígenes: a la esencia de la fe, al primer amor, a la adoración y la caridad. Observemos a los Magos que peregrinan y, como Iglesia sinodal, en camino, vayamos a Belén, donde Dios está en el hombre y el hombre en Dios; donde el Señor está en primer lugar y es adorado; donde los más humildes ocupan el lugar más cercano a Él; donde pastores y Magos están juntos en una fraternidad más fuerte que cualquier clasificación. Que Dios nos conceda ser una Iglesia adoradora, humilde, fraterna. Eso es lo esencial. Volvamos a Belén.

El Establo

Esta será para ustedes una señal: encontrarán a un
niño envuelto en pañales y acostado en un pesebre.

Lc 2,12

༺༻

La paja es la cuna de Jesús

El origen del pesebre encuentra su base en algunos detalles
evangélicos del nacimiento de Jesús en Belén. El evangelista Lucas simplemente dice que María "dio a luz a su hijo
primogénito, lo envolvió en pañales y lo acostó en un pesebre,
porque no había lugar para ellos en la posada" (Lc 2,7). Jesús
es colocado en un pesebre, que en latín se llama *praesepium*,
de donde proviene la palabra pesebre. Al entrar en este mundo,
el Hijo de Dios encuentra un lugar donde los animales van
a comer. La paja se convierte en la primera cama para Aquel
que se revelará como "el pan descendido del cielo" (Jn 6,41).
Una simbología que ya San Agustín, junto con otros Padres de
la Iglesia, captó cuando escribió: "Acostado en un pesebre, se
convirtió en nuestro alimento" (Serm. 189,4). En realidad, el
pesebre contiene varios misterios de la vida de Jesús y los acerca
a nuestra vida cotidiana.

CR&

El pesebre nos enseña mucho

Belén es un punto de inflexión para cambiar el curso de la historia. Allí, Dios nace en un pesebre en la casa del pan. Como si nos dijera: aquí estoy, como tu alimento. Él no toma, ofrece comida; no da algo, sino a sí mismo. En Belén descubrimos que Dios no es alguien que toma la vida, sino quien la da. Al hombre, acostumbrado desde sus orígenes a tomar y comer, Jesús comienza a decir: "Tomen, coman. Este es mi cuerpo" (Mt 26,26). El cuerpecito del Niño de Belén establece un nuevo modelo de vida: no devorar y acumular, sino compartir y dar. Dios se hace pequeño para ser nuestro alimento. Al alimentarnos de Él, el Pan de Vida, podemos renacer en el amor y romper la espiral de la codicia y la avidez. Desde la "casa del pan", Jesús lleva al hombre de regreso a casa, para que se convierta en un familiar de su Dios y un hermano de su prójimo. Frente al pesebre, comprendemos que lo que alimenta la vida no son las posesiones, sino el amor; no la voracidad, sino la caridad; no la abundancia para ostentar, sino la simplicidad para custodiar.

El Señor sabe que necesitamos alimentarnos cada día. Por eso, se nos ha ofrecido a lo largo de toda su vida, desde el pesebre de Belén hasta el cenáculo de Jerusalén. Y hoy, aún en el altar, se convierte en Pan partido para nosotros: llama a nuestra puerta para entrar y cenar con nosotros (cf. Apoc 3,20). En Navidad recibimos en la tierra a Jesús, el Pan del cielo: es un alimento que nunca se agota, sino que nos permite saborear desde ahora la vida eterna.

⟨⟩

Un establo fue la casa del Señor

"Los pobres no pueden esperar". ¡Es hermoso! Esto me hace pensar que Jesús nació en un establo, no en una casa. Luego tuvo que huir, ir a Egipto para salvar su vida. Finalmente, regresó a su hogar en Nazaret. Y hoy, al leer esas palabras, también pienso en muchas familias sin hogar, ya sea porque nunca tuvieron una, o porque la perdieron por diversas razones. La familia y el hogar van de la mano. Es muy difícil mantener una familia sin tener un lugar donde vivir. En estos días de Navidad, invito a todos −personas, entidades sociales y autoridades− a hacer todo lo posible para que cada familia pueda tener un hogar.

⟨⟩

José y María personifican a los sin hogar

En los pasos de José y María se esconden muchos pasos. Vemos las huellas de familias enteras que hoy se ven obligadas a partir. Vemos las huellas de millones de personas que no eligen irse, sino que se ven forzadas a separarse de sus seres queridos, expulsadas de su tierra. En muchos casos, este viaje está lleno de esperanza, lleno de futuro; en muchos otros, este viaje tiene solo un nombre: supervivencia. Sobrevivir a los Herodes de turno que, para imponer su poder y aumentar su riqueza, no tienen ningún problema en derramar sangre inocente.

María y José, para quienes no había lugar, son los primeros en abrazar a Aquel que viene a otorgarnos a todos el documento de ciudadanía. Aquel que en su pobreza y humildad denuncia y manifiesta que el verdadero poder y la auténtica libertad son los que honran y socorren la fragilidad del más débil.

ᕲᕷ

El pesebre del rechazo y la indiferencia

El Evangelio nos revela una paradoja: habla del emperador, del gobernador, de los grandes de ese tiempo, pero Dios no se hace presente allí; no aparece en la nobleza de un palacio real, sino en la pobreza de un establo; no en la ostentación de la apariencia, sino en la simplicidad de la vida; no en el poder, sino en una humildad que sorprende. Y para encontrarse con Él, es necesario ir allí, donde Él está: debemos inclinarnos, humillarnos, hacernos pequeños. El Niño que nace nos interpela: nos llama a dejar las ilusiones de lo efímero para ir a lo esencial, a renunciar a nuestras inagotables demandas, a abandonar la perpetua insatisfacción y la tristeza por algo que siempre nos faltará. Nos hará bien dejar estas cosas para encontrar en la simplicidad de Dios-Niño la paz, la alegría y el sentido luminoso de la vida.

Dejémonos interpelar por el Niño en el pesebre, pero también dejémonos interpelar por los niños que hoy no están en una cuna acariciados por el afecto de una madre y un padre, sino que yacen en míseros "pesebres de dignidad": en refugios subterráneos para escapar de los bombardeos, en las aceras de una gran ciudad, en el fondo de un barco sobrecargado de migrantes. Dejémonos interpelar por los niños que no tienen la oportunidad de nacer, por aquellos que lloran porque nadie satisface su hambre, por aquellos que no tienen juguetes en sus manos, sino armas.

El misterio de la Navidad, que es luz y alegría, interpela y sacude, porque al mismo tiempo es un misterio de esperanza y tristeza. Lleva consigo un sabor de tristeza, ya que el amor no es acogido y la vida es descartada. Así fue como le ocurrió a José y María, quienes encontraron las puertas cerradas y pusieron a Jesús en un pesebre, "porque no había lugar para ellos en la posada" (v. 7). Jesús nace rechazado por algunos y en la indiferencia de muchos. Incluso hoy en día puede haber la misma indiferencia, cuando la Navidad se convierte en una fiesta en la que los protagonistas somos nosotros en lugar de Él; cuando las luces del comercio arrojan sombras sobre la luz de Dios; cuando nos esforzamos por los regalos y permanecemos insensibles hacia quienes están marginados. Esta mundanidad ha tomado como rehén la Navidad: ¡debemos liberarla!

Pero la Navidad tiene sobre todo un sabor de esperanza porque, a pesar de nuestras tinieblas, brilla la luz de Dios. Su luz suave no da miedo; Dios, enamorado de nosotros, nos atrae con su ternura, naciendo pobre y frágil en medio de nosotros, como uno de nosotros. Nace en Belén, que significa "casa del pan". Parece querernos decir que nace como pan para nosotros; viene a la vida para darnos su vida; viene a nuestro mundo para llevarnos su amor. No viene a devorar y mandar, sino a nutrir y servir. Así, hay una línea directa que conecta el pesebre y la cruz, donde Jesús será el pan partido: es la línea directa del amor que se da y nos salva, que da luz a nuestra vida y paz a nuestros corazones.

Los Ángeles

Y de repente apareció con el ángel una multitud del ejército celestial, que alababa a Dios y decía: "Gloria a Dios en lo más alto de los cielos, y en la tierra paz a los hombres, a quienes Él ama".

Lc 2,14

જી

Los ángeles saben por quién se alegran

El coro de los ángeles anuncia desde lo alto el gran plan que ese Niño realiza: "Gloria a Dios en lo más alto de los cielos y en la tierra paz a los hombres, a quienes Él ama" (Lc 2,14). La esperanza cristiana se expresa en la alabanza y el agradecimiento a Dios, quien ha inaugurado su Reino de amor, justicia y paz. A través del anuncio de la Iglesia, nosotros, como los pastores del Evangelio (cf. Lc 2,9), somos guiados a buscar y encontrar la verdadera luz, la de Jesús, quien, hecho hombre como nosotros, se muestra de manera sorprendente: nace de una joven desconocida, que lo da a luz en un establo, con la única ayuda de su esposo... El mundo no se da cuenta de nada, ¡pero en el cielo los ángeles que lo saben se regocijan!

⚬

Celebramos a Aquel que nace

En el pesebre vemos el amor de una madre que abraza al recién nacido, el amor de un padre que cuida y protege a su familia; vemos a pastores emocionados ante un recién nacido, ángeles que celebran la venida del Señor...

Los Pastores

Había en la misma región unos pastores que pasaban la noche al aire libre, cuidando de sus rebaños. De repente, un ángel del Señor se les apareció, y la gloria del Señor los rodeó con su luz.

Lc 2,8-9

☙

Los primeros en ver a Jesús

Los primeros en ver la humilde gloria del Salvador, después de María y José, fueron los pastores de Belén. Reconocieron la señal anunciada por los ángeles y adoraron al Niño. Esos hombres humildes pero vigilantes son un ejemplo para los creyentes de todos los tiempos que, frente al misterio de Jesús, no se escandalizan de su pobreza, sino que, al igual que María, confían en la palabra de Dios y contemplan con ojos sencillos su gloria. Frente al misterio del Verbo hecho carne, los cristianos de todos los lugares confiesan, con las palabras del evangelista Juan: "Hemos contemplado su gloria, gloria como del Hijo unigénito que viene del Padre, lleno de gracia y de verdad" (1,14).

☙

Dios nace y abraza a los excluidos

En esa noche, Aquel que no tenía un lugar para nacer es anunciado a aquellos que no tenían un lugar en las mesas y las calles de la ciudad. Los pastores son los primeros destinatarios de esta Buena Noticia. Debido a su trabajo, eran hombres y mujeres que debían vivir en los márgenes de la sociedad. Sus condiciones de vida, los lugares donde se veían obligados a estar, les impedían cumplir todas las prescripciones rituales de purificación religiosa y, por lo tanto, se consideraban impuros. Su piel, su ropa, su olor, su forma de hablar, su origen, los delataban. Todo en ellos generaba desconfianza. Eran hombres y mujeres de los que se debía mantener distancia, de los que se debía tener miedo; se los consideraba paganos entre los creyentes, pecadores entre los justos, extranjeros entre los ciudadanos. A ellos, paganos, pecadores y extranjeros, el ángel les dice: "No teman, pues les anuncio una gran alegría, que lo será para todo el pueblo: hoy, en la ciudad de David, les ha nacido un Salvador, que es Cristo el Señor" (Lc 2,10-11).

Esta es la alegría que estamos invitados a compartir, celebrar y anunciar en esta noche. La alegría con la que Dios, en su infinita misericordia, nos ha abrazado a nosotros, paganos, pecadores y extranjeros, y nos impulsa a hacer lo mismo.

∽⊚

También nosotros, en camino como ellos

"Iremos hasta Belén y veremos lo que ha sucedido, lo que el Señor nos ha anunciado" (Lc 2,15): así dicen los pastores después del anuncio de los ángeles. Es una lección hermosa que nos llega a través de la simplicidad de la descripción. A diferencia de muchas personas ocupadas en mil cosas diferentes, los pastores se convierten en los primeros testigos de lo esencial, es decir, de la salvación que se nos ofrece. Son los más humildes y los más pobres quienes saben recibir el acontecimiento de la Encarnación. En respuesta a Dios que viene hacia nosotros en el Niño Jesús, los pastores se ponen en camino hacia Él, para un encuentro de amor y asombro agradecido. Es precisamente este encuentro entre Dios y sus hijos, gracias a Jesús, lo que da vida a nuestra religión, lo que constituye su singular belleza, que se refleja de manera particular en el pesebre.

೮ఞ

Vigilar en la noche para recibir la luz

Los pastores de Belén también nos enseñan cómo encontrarnos con el Señor. Velan durante la noche: no duermen, hacen lo que Jesús les pedirá en repetidas ocasiones: velar (cf. Mt 25,13; Mc 13,35; Lc 21,36). Permanecen en vela, esperan despiertos en la oscuridad; y Dios "los envolvió en luz" (Lc 2,9). Esto también es válido para nosotros. Nuestra vida puede ser una espera que, incluso en las noches de problemas, confía en el Señor y lo anhela; entonces recibirá su luz. O puede ser una pretensión, donde solo cuentan nuestras propias fuerzas y recursos; pero en este caso, el corazón permanece cerrado a la luz de Dios. El Señor ama ser esperado y no se puede esperar en el sofá, durmiendo. De hecho, los pastores se mueven: "fueron rápidamente", dice el texto (v. 16). No se quedan quietos como aquellos que se sienten llegados y no necesitan nada, sino que van, dejan su rebaño sin custodia, arriesgan por Dios. Y después de ver a Jesús, aunque no son expertos en hablar, van a anunciarlo, tanto que "todos los que lo oyeron se maravillaron de lo que les dijeron los pastores" (v. 18).

Esperar despiertos, ir, arriesgar, contar la belleza: son gestos de amor. El Buen Pastor, que viene en Navidad para dar vida a las ovejas, en Pascua le hará a Pedro y, a través de él, a todos nosotros, la pregunta final: "¿Me amas?" (Jn 21,15). El futuro del rebaño dependerá de la respuesta. Esta noche estamos llamados a responder, a decirle también nosotros: "Te amo". La respuesta de cada uno es esencial para todo el rebaño.

C/❦

Con los ojos en lo alto

En la noche de Navidad, Jesús se manifestó a los pastores, hombres humildes y despreciados —algunos dicen que eran bandidos—; fueron los primeros en llevar un poco de calor a esa fría gruta de Belén. (...) Los pastores de Belén acudieron inmediatamente a ver a Jesús, no porque fueran particularmente buenos, sino porque velaban por la noche y, alzando los ojos al cielo, vieron una señal, escucharon su mensaje y lo siguieron. Del mismo modo, los Magos: escudriñaron los cielos, vieron una nueva estrella, interpretaron la señal y se pusieron en camino desde lejos. Los pastores y los Magos nos enseñan que para encontrarse con Jesús es necesario saber levantar la mirada hacia el cielo, no estar encerrados en uno mismo, en nuestro egoísmo, sino tener el corazón y la mente abiertos al horizonte de Dios, que siempre nos sorprende, saber acoger sus mensajes y responder con prontitud y generosidad.

C/❦

Entremos en Navidad con los pastores

Es una noche de luz: esa luz, profetizada por Isaías (cf. 9,1), que iluminaría a aquellos que caminan en tinieblas, ha aparecido y ha envuelto a los pastores de Belén (cf. Lc 2,9).

Los pastores simplemente descubren que "un niño nos ha nacido" (Is 9,5) y entienden que toda esta gloria, toda esta alegría, toda esta luz se concentra en un solo punto, en el signo que el ángel les ha señalado: "Encontrarán un niño envuelto en pañales y acostado en un pesebre" (Lc 2,12). Este es el signo de siempre para encontrar a Jesús. No solo entonces, sino también hoy. Si queremos celebrar la verdadera Navidad, contemplemos este signo: la fragilidad y simplicidad de un pequeño bebé, la dulzura de su reposo, el tierno cariño de las vendas que lo envuelven. Ahí está Dios.

Jesús es la línea directa del amor que se entrega y nos salva, que ilumina nuestras vidas y da paz a nuestros corazones. Los pastores, que estaban entre los marginados de su tiempo, lo entendieron esa noche. Pero nadie es marginado a los ojos de Dios, y precisamente ellos fueron los invitados a la Navidad. Quienes estaban seguros de sí mismos y autosuficientes se quedaron en casa con sus cosas; en cambio, los pastores "fueron, sin demora" (cf. Lc 2,16). También nosotros, esta noche, dejémonos interpelar y convocar por Jesús, acerquémonos a Él con confianza, partiendo desde donde nos sentimos marginados, desde nuestros límites, desde nuestros pecados. Déjate tocar por la ternura que salva. Acerquémonos a un Dios que se hace cercano, detengámonos a contemplar el pesebre, imaginemos el nacimiento de Jesús: la luz y la paz, la extrema pobreza y el rechazo. Entremos en la verdadera Navidad con los pastores, llevemos a Jesús lo que somos, nuestras exclusiones, nuestras heridas sin sanar, nuestros pecados. Así, en Jesús, saborearemos el verdadero espíritu de la Navidad: la belleza de ser amados por Dios. Con María y José, estemos ante el pesebre, ante Jesús que nace como pan para mi vida. Contemplando su amor humilde e infinito, simplemente le decimos gracias: gracias, porque has hecho todo esto por mí.

⤳

Compartir el regalo más precioso

Una encantadora leyenda cuenta que, en el nacimiento de Jesús, los pastores acudían a la gruta con varios regalos. Cada uno llevaba lo que tenía, algunos traían los frutos de su trabajo, otros algo precioso. Pero mientras todos se esforzaban con generosidad, había un pastor que no tenía nada. Era extremadamente pobre, no tenía nada que ofrecer. Mientras todos competían por presentar sus dones, él se quedaba aparte, avergonzado. En un momento dado, San José y la Virgen María se encontraron en dificultades para recibir todos los regalos, especialmente María, que tenía que sostener al Niño. Entonces, al ver al pastor con las manos vacías, le pidió que se acercara. Y puso a Jesús en sus manos. Ese pastor, al aceptarlo, se dio cuenta de que había recibido lo que no merecía, de que tenía en sus manos el regalo más grande de la historia. Miró sus manos, esas manos que siempre le parecían vacías: se habían convertido en la cuna de Dios. Se sintió amado y, superando la vergüenza, comenzó a mostrar a Jesús a los demás, porque no podía guardar para sí el don de los dones.

Querido hermano, querida hermana, si sientes que tus manos están vacías, si ves tu corazón pobre en amor, esta noche es para ti. La gracia de Dios ha aparecido para brillar en tu vida. Acéptala y la luz de la Navidad brillará en ti.

La Luz

¡Levántate, resplandece, porque llega tu luz y la gloria del Señor brilla sobre ti! Porque las tinieblas cubren la tierra y una densa oscuridad a los pueblos, pero sobre ti brillará el Señor y su gloria aparecerá sobre ti.

Is 60,1-2

❦

En la noche de Navidad brilla una gran luz

"El pueblo que andaba en tinieblas vio una gran luz; a los que vivían en tierra de sombras, una luz les brilló" (Is 9,1). "Un ángel del Señor se les presentó [a los pastores], y la gloria del Señor los rodeó de luz" (Lc 2,9). Así nos presenta la liturgia de esta sagrada noche de Navidad el nacimiento del Salvador: como una luz que penetra y disipa la más densa oscuridad. La presencia del Señor en medio de su pueblo borra la carga de la derrota y la tristeza de la esclavitud, y establece la alegría y la felicidad.

Nosotros también, en esta noche bendita, hemos venido a la casa de Dios atravesando las tinieblas que cubren la tierra, pero guiados por la llama de la fe que ilumina nuestros pasos y animados por la esperanza de encontrar la "gran luz". Al abrir nuestro corazón, también tenemos la posibilidad de contemplar el milagro de ese niño-sol que ilumina el horizonte al surgir desde lo alto.

ௐ

Nuestra vida está iluminada

En esta noche resplandece una "gran luz" (Is 9,1); sobre todos nosotros brilla la luz del nacimiento de Jesús. Cuán verdaderas y actuales son las palabras del profeta Isaías que hemos escuchado: "Has multiplicado la alegría, has aumentado la felicidad" (9,2). Nuestro corazón ya estaba lleno de alegría por la espera de este momento; ahora, sin embargo, ese sentimiento se multiplica y desborda, porque la promesa se ha cumplido, finalmente se ha realizado. Hoy ha nacido el Hijo de Dios: todo cambia. La verdadera luz viene a iluminar nuestra existencia, a menudo encerrada en la sombra del pecado. ¡Hoy descubrimos nuevamente quiénes somos! En esta noche se nos revela el camino a seguir para alcanzar la meta. Ahora, debe cesar todo temor y espanto, porque la luz nos indica el camino hacia Belén. No podemos quedarnos inmóviles. No nos está permitido quedarnos parados. Debemos ir a ver a nuestro Salvador acostado en un pesebre.

ௐ

La luz es el amor de Dios

"Los que vivían en tierra de sombras, una luz les brilló" (Is 9,1). Esta profecía de la Primera Lectura se ha cumplido en el Evangelio, ya que mientras los pastores velaban durante la noche en sus campos, "la gloria del Señor los envolvió en luz" (Lc 2,9). En la noche de la tierra, una luz del cielo apareció. ¿Qué significa esta luz que apareció en la oscuridad? El Apóstol Pablo nos lo sugiere cuando dijo: "La gracia de Dios ha aparecido". La gracia de Dios, que "trae salvación a todos los hombres" (Tit 2,11), esta noche envolvió al mundo.

¿Pero qué es esta gracia? Es el amor divino, el amor que transforma la vida, renueva la historia, libera del mal, infunde paz y alegría. Esta noche, el amor de Dios se ha mostrado a nosotros en la forma de Jesús.

༝

Jesús puede hacer brillar cualquier oscuridad

La visión de Isaías (cf. 60,1-6) resuena en nuestro tiempo, más actual que nunca: "Las tinieblas cubren la tierra y una densa oscuridad a los pueblos" (v. 2). En este horizonte, el profeta anuncia la luz: la luz otorgada por Dios a Jerusalén y destinada a iluminar el camino de todas las naciones. Esta luz tiene el poder de atraer a todos, cercanos y lejanos, todos se ponen en marcha para alcanzarla (cf. v. 3). Es una visión que abre el corazón, que amplía la perspectiva, que invita a la esperanza. Claro, las tinieblas están presentes y amenazadoras en la vida de cada uno y en la historia de la humanidad, pero la luz de Dios es más poderosa. Se trata de acogerla para que pueda brillar para todos. Pero podemos preguntarnos: ¿dónde está esta luz? El profeta la veía desde lejos, pero ya era suficiente para llenar de alegría incontenible el corazón de Jerusalén.

¿Dónde está esta luz? El evangelista Mateo, al narrar el episodio de los Magos (cf. Mt 2,1-12), muestra que esta luz es el Niño de Belén, es Jesús, aunque su realeza no sea aceptada por todos. De hecho, algunos la rechazan, como Herodes. Él es la estrella que apareció en el horizonte, el Mesías esperado, Aquel por medio del cual Dios establece su reino de amor, su reino de justicia, su reino de paz. Él ha nacido no solo para algunos, sino para todos los hombres, para todos los pueblos. La luz es para todos los pueblos, la salvación es para todos los pueblos.

Y ¿cómo ocurre esta "irradiación"? ¿Cómo se difunde la luz de Cristo en todos los lugares y en todos los tiempos? Tiene su método para extenderse. No lo hace a través de los poderosos medios de los imperios de este mundo, que siempre buscan dominarlo. No, la luz de Cristo se difunde a través del anuncio del Evangelio. El anuncio, la palabra y el testimonio. Y con el mismo "método" elegido por Dios para venir entre nosotros: la encarnación, es decir, acercarse al otro, encontrarse con él, asumir su realidad y llevar el testimonio de nuestra fe, cada uno. Solo de esta manera la luz de Cristo, que es Amor, puede brillar en aquellos que la reciben y atraer a los demás. La luz de Cristo no se expande con palabras solamente, ni con métodos falsos o comerciales... No, no. La fe, la palabra, el testimonio: así es como se expande la luz de Cristo. La estrella es Cristo, pero también nosotros podemos y debemos ser la estrella para nuestros hermanos y hermanas, como testigos de los tesoros de bondad y misericordia infinita que el Redentor ofrece gratuitamente a todos. La luz de Cristo no se expande por proselitismo, se expande por testimonio, por confesión de fe. También por el martirio.

Entonces, la condición es recibir esta luz en nosotros, recibirla cada vez más. ¡Ay de nosotros si pensamos que la poseemos, ay de nosotros si solo pensamos que debemos "administrarla"! También nosotros, como los Magos, estamos llamados a dejarnos fascinar siempre, atraer, guiar, iluminar y convertir por Cristo: es el camino de la fe, a través de la oración y la contemplación de las obras de Dios, que continuamente nos llenan de alegría y asombro, un asombro siempre nuevo. El asombro siempre es el primer paso para avanzar en esta luz.

⁓

Quien hace el mal odia la luz

Dice San Juan en el Evangelio que hemos leído hoy: "En Él estaba la vida y la vida era la luz de los hombres; la luz brilla en las tinieblas y las tinieblas no la vencieron... Vino al mundo la luz verdadera, la que ilumina a todo hombre" (Jn 1,4-5.9). Los seres humanos hablan mucho de la luz, pero a menudo prefieren la falsa tranquilidad de la oscuridad. Hablamos mucho de la paz, pero a menudo recurren a la guerra o eligen el silencio cómplice, o no hacen nada concreto para construir la paz. De hecho, San Juan dice que "vino a los suyos, y los suyos no lo recibieron" (Jn 1,11); porque "este es el juicio: que la luz –Jesús– vino al mundo, pero los hombres amaron más las tinieblas que la luz, porque sus obras eran malas. Porque todo aquel que hace lo malo aborrece la luz y no viene a la luz, para que sus obras no sean reprobadas" (Jn 3,19-20). Así dice en el Evangelio San Juan. El corazón del hombre puede rechazar la luz y preferir las tinieblas, porque la luz pone al descubierto sus malas obras. Quien hace el mal, odia la luz. Quien hace el mal, odia la paz.

Los Reyes Magos

Al ver la estrella, experimentaron una inmensa alegría.
Entraron en la casa, vieron al niño con María, su
madre, y se postraron para adorarlo. Luego, abrieron
sus cofres y le ofrecieron oro, incienso y mirra.

Mt 2,10-11

༄

Hombres y mujeres en búsqueda

Los Magos, según la tradición, eran hombres sabios: estudiosos de las estrellas, observadores del cielo, en un contexto cultural y de creencias que atribuía significados e influencias a las estrellas en los asuntos humanos. Los Magos representan a hombres y mujeres en busca de Dios en las religiones y filosofías de todo el mundo: una búsqueda que nunca termina. Hombres y mujeres en búsqueda.

Los Magos nos señalan el camino que debemos seguir en nuestra vida. Buscaban la verdadera Luz: *"Lumen requirunt lumine"*, dice un himno litúrgico de la Epifanía, refiriéndose precisamente a la experiencia de los Magos: *"Lumen requirunt lumine"*: siguiendo una luz, buscan la luz. Estaban en busca de Dios. Cuando vieron la señal de la estrella, la interpretaron y emprendieron un largo viaje.

Es el Espíritu Santo quien los llamó y los impulsó a emprender el viaje, y en este camino también experimentarán su propio encuentro con el Dios verdadero.

En su camino, los Magos encuentran muchas dificultades. Cuando llegan a Jerusalén, van al palacio del rey, porque consideran obvio que el nuevo rey habría nacido en el palacio real. Allí, pierden de vista la estrella. ¡Cuántas veces perdemos de vista la estrella! Y se topan con una tentación, puesta allí por el diablo: es el engaño de Herodes. El rey Herodes muestra interés por el niño, pero no para adorarlo, sino para eliminarlo. Herodes es el hombre de poder que solo ve a los demás como rivales. En el fondo, también considera a Dios como un rival, de hecho, el rival más peligroso. En el palacio, los Magos atraviesan un momento de oscuridad y desolación, que logran superar gracias a las indicaciones del Espíritu Santo, que habla a través de las profecías de las Sagradas Escrituras. Estas profecías señalan que el Mesías nacerá en Belén, la ciudad de David.

En ese momento, reanudaron su camino y volvieron a ver la estrella. El evangelista anota que experimentaron "una alegría inmensa" (Mt 2,10), un verdadero consuelo. Al llegar a Belén, encontraron "al niño con María, su madre" (Mt 2,11). Después de la tentación en Jerusalén, esta fue su segunda gran tentación: rechazar esta pequeñez. Pero en cambio, "se postraron y lo adoraron", ofreciéndole sus preciosos y simbólicos regalos. Siempre es la gracia del Espíritu Santo la que los ayuda: la misma gracia que, a través de la estrella, los había llamado y guiado en su camino, ahora los hace entrar en el misterio. Esa estrella que los acompañó en su camino los hace entrar en el misterio. Guiados por el Espíritu, llegaron a reconocer que los criterios de Dios son muy diferentes a los de los hombres, que Dios no se manifiesta en el poder de este mundo, sino que se dirige a nosotros en la humildad de su amor. El amor de Dios es grande, sí. El amor de Dios es poderoso, sí. Pero el amor de Dios es humilde, ¡tan humilde! Los Magos son así modelos de conversión a la verdadera fe, porque creyeron más en la bondad de Dios que en el aparente esplendor del poder.

Y entonces podemos preguntarnos: ¿cuál es el misterio en el que Dios se esconde? ¿Dónde puedo encontrarlo? Vemos a nuestro alrededor guerras, explotación de niños, torturas, tráfico de armas, trata de personas... En todas estas realidades, en todos estos hermanos y hermanas más pequeños que sufren estas situaciones, está Jesús (cf. Mt 25,40.45). El pesebre nos presenta un camino diferente al que la mentalidad mundana nos sugiere: es el camino de la humillación de Dios, esa humildad del amor de Dios que se abaja, se aniquila, su gloria oculta en el pesebre de Belén, en la cruz del Calvario, en el hermano y la hermana que sufre.

Los Magos entraron en el misterio. Pasaron de los cálculos humanos al misterio: y esta fue su conversión. ¿Y la nuestra? Oremos al Señor para que nos conceda vivir el mismo camino de conversión que vivieron los Magos. Que nos defienda y nos libere de las tentaciones que ocultan la estrella. Que siempre tengamos la inquietud de preguntarnos: ¿dónde está la estrella?, cuando –en medio de los engaños mundanos– la hemos perdido de vista. Que aprendamos a conocer siempre de nuevo el misterio de Dios, que no nos escandalicemos del "signo", de la indicación, ese signo dicho por los ángeles: "un niño envuelto en pañales, acostado en un pesebre" (Lc 2,12), y que tengamos la humildad de pedirle a la Madre, a nuestra Madre, que nos lo muestre. Que encontremos el coraje para liberarnos de nuestras ilusiones, de nuestras presunciones, de nuestras "luces", y que busquemos este coraje en la humildad de la fe y podamos encontrar la Luz, *Lumen*, como lo hicieron los santos Magos. Que podamos entrar en el misterio. Así sea.

ৡ৯

El corazón abierto al horizonte

"¿Dónde está el que ha nacido, el rey de los judíos? Hemos visto su estrella en el oriente y hemos venido a adorarlo" (Mt 2,2). Con estas palabras, los Reyes Magos, que vinieron de tierras lejanas, nos revelan la razón de su largo viaje: adorar al rey recién nacido. Ver y adorar: dos acciones que destacan en el relato evangélico: hemos visto una estrella y queremos adorar. Estos hombres vieron una estrella que los puso en movimiento. El descubrimiento de algo inusual que sucedió en el cielo desencadenó una serie innumerable de eventos. No era una estrella que brilló exclusivamente para ellos, ni tenían un ADN especial para descubrirla. Como sabiamente reconoció un Padre de la Iglesia, los Magos no emprendieron el viaje porque habían visto la estrella, sino que vieron la estrella porque se habían puesto en movimiento (cf. San Juan Crisóstomo). Tenían el corazón abierto al horizonte y pudieron ver lo que el cielo mostraba porque tenían un deseo que los impulsaba: estaban abiertos a una novedad.

Los Reyes Magos, de esta manera, expresan el retrato del creyente, del hombre que anhela a Dios; de aquellos que sienten la falta de su hogar, la patria celestial. Reflejan la imagen de todos los seres humanos que, en su vida, no han permitido adormecer su corazón.

Esos hombres vinieron del Oriente para adorar y lo hicieron en el lugar propio de un rey: el Palacio. Esto es importante: llegaron allí en su búsqueda, porque era el lugar apropiado, ya que es propio de un Rey nacer en un palacio y tener su corte y súbditos. Esto es señal de poder, éxito y una vida exitosa. Puedes esperar que el rey sea venerado, temido y adulado, sí, pero no necesariamente amado. Estos son los esquemas mundanos, los pequeños ídolos a los que rendimos culto: el culto al poder, la apariencia y la superioridad. Ídolos que prometen solo tristeza, esclavitud y miedo.

Y fue precisamente allí donde comenzó el camino más largo que tuvieron que emprender estos hombres que venían de lejos. Allí comenzó la audacia más difícil y complicada. Descubrir que lo que buscaban no estaba en el Palacio, sino en otro lugar, no solo geográfico, sino existencial. Allí no veían la estrella que los conducía a descubrir a un Dios que quiere ser amado, y esto solo es posible bajo el signo de la libertad, no de la tiranía; descubrir que la mirada de este Rey desconocido –pero deseado– no humilla, no esclaviza, no encarcela. Descubrir que la mirada de Dios eleva, perdona, sana. Descubrir que Dios eligió nacer donde no lo esperábamos, donde tal vez no lo deseamos. O donde a menudo lo negamos. Descubrir que en la mirada de Dios hay lugar para los heridos, los cansados, los maltratados, los abandonados; que su fuerza y su poder se llaman misericordia. ¡Qué lejos está Jerusalén, para algunos, de Belén!

ᘛᘚ

Pongámonos en camino hacia Él

L os Magos viajan hacia Belén. ¿Qué llevó a estos hombres de Oriente a emprender este viaje?

Tenían excelentes excusas para no partir. Eran sabios y astrólogos, gozaban de fama y riqueza. Una vez alcanzada tal seguridad cultural, social y económica, podrían haberse acomodado en lo que sabían y lo que tenían y vivir en tranquilidad. Sin embargo, se dejaron inquietar por una pregunta y una señal: "¿Dónde está el que ha nacido? Hemos visto su estrella" (Mt 2,2). Su corazón no se dejó entumecer en la guarida de la apatía, sino que tenía sed de luz; no se arrastró cansado en la pereza, sino que ardía con la nostalgia de nuevos horizontes. Sus ojos no estaban fijos en la tierra, sino que eran ventanas abiertas al cielo. Como afirmó Benedicto XVI, eran "hombres con el corazón inquieto. Hombres en espera, que no se conformaban con sus ingresos asegurados y su posición social. Eran buscadores de Dios" (Homilía, 6 de enero de 2013).

Veamos los pasos que dan y extraigamos algunas lecciones.

En primer lugar, parten al amanecer de la estrella: nos enseñan que debemos comenzar de nuevo cada día, tanto en la vida como en la fe, porque la fe no es una armadura que nos inmoviliza, sino un viaje fascinante, un movimiento continuo e inquieto, siempre en busca de Dios, siempre con discernimiento en ese camino.

Los Magos, luego, en Jerusalén, preguntan: preguntan dónde está el Niño. Nos enseñan que necesitamos hacer preguntas, escuchar atentamente las preguntas del corazón y la conciencia, porque a menudo es así como Dios nos habla, dirigiéndose a nosotros más con preguntas que con respuestas. Y esto es algo que debemos aprender bien: que Dios se dirige a nosotros más con preguntas que con respuestas. Pero también dejémonos inquietar por las preguntas de los niños, las dudas, las esperanzas y los deseos de las personas de nuestro tiempo. El camino consiste en dejarse interrogar.

Además, los Magos desafían a Herodes. Nos enseñan que necesitamos una fe valiente, que no tenga miedo de desafiar las lógicas oscuras del poder y se convierta en semilla de justicia y fraternidad en sociedades donde, incluso hoy en día, muchos Herodes siembran muerte y masacran a los pobres e inocentes, en la indiferencia de muchos.

Los Magos, finalmente, regresan "por otro camino" (Mt 2,12): nos desafían a recorrer caminos nuevos. Es la creatividad del Espíritu, que siempre hace cosas nuevas. En este momento, es uno de los deberes del Sínodo que estamos llevando a cabo: caminar juntos en escucha, para que el Espíritu nos sugiera nuevas formas, caminos para llevar el Evangelio al corazón de aquellos que son indiferentes, distantes, de aquellos que han perdido la esperanza, pero buscan lo que los Magos encontraron, "una alegría inmensa" (Mt 2,10). Salir adelante, avanzar.

Al llegar al punto culminante del viaje de los Reyes Magos, hay un momento crucial: cuando llegan a su destino, "se postran y adoran al Niño" (cf. v. 11). Adoran. Recordemos esto: el viaje de la fe encuentra su impulso y su cumplimiento solo en la presencia de Dios. Solo si recuperamos el gusto por la adoración, se renueva el deseo. El deseo te lleva a la adoración y la adoración te renueva el deseo. Porque el deseo de Dios crece solo estando delante de Dios. Porque solo Jesús sana los deseos. ¿De qué? Los sana de la dictadura de las necesidades. El corazón, de hecho, se enferma cuando los deseos coinciden solo con las necesidades. Dios, en cambio, eleva los deseos y los purifica, los sana, liberándolos del egoísmo y abriéndonos al amor por Él y por nuestros hermanos. Por eso, no olvidemos la Adoración, la oración de adoración, que no es tan común entre nosotros: adorar en silencio. Por favor, no olvidemos la adoración.

Y en nuestro camino diario, tendremos la certeza, como los Reyes Magos, de que incluso en las noches más oscuras brilla una estrella. Es la estrella del Señor, que viene a cuidar de nuestra frágil humanidad. Pongámonos en marcha hacia Él. No permitamos que la apatía y la resignación tengan el poder de atraparnos en la tristeza de una vida monótona. Acojamos la inquietud del Espíritu, corazones inquietos. El mundo espera de los creyentes un renovado impulso hacia el Cielo. Como los Reyes Magos, levantemos la cabeza, escuchemos el deseo del corazón, sigamos la estrella que Dios hace brillar sobre nosotros. Y como buscadores inquietos, mantengámonos abiertos a las sorpresas de Dios. Hermanos y hermanas, soñemos, busquemos, adoremos.

⤴

Generosos y abiertos a lo nuevo

Llegados desde Oriente, los Magos representan a todos los pueblos alejados de la fe judía tradicional. A pesar de ello, se dejan guiar por la estrella y emprenden un largo y arriesgado viaje para llegar a su destino y conocer la verdad sobre el Mesías. Los Magos estaban abiertos a la "novedad", y ante ellos se revela la novedad más grande y sorprendente de la historia: Dios hecho hombre. Los Magos se postran ante Jesús y le ofrecen regalos simbólicos: oro, incienso y mirra; porque la búsqueda del Señor implica no solo perseverancia en el camino, sino también generosidad de corazón. Y finalmente, regresaron "a su tierra" (v. 12); y el Evangelio dice que regresaron por "un camino diferente". Cada vez que un hombre o una mujer se encuentra con Jesús, cambia de rumbo, regresa a la vida de una manera diferente, renueva su camino, "por un camino diferente". Regresaron "a su tierra" llevando en su interior el misterio de ese Rey humilde y pobre; podemos imaginar que contaron a todos la experiencia vivida: la salvación ofrecida por Dios en Cristo es para todos los seres humanos, cercanos y lejanos. No es posible "apropiarse" de ese Niño: Él es un regalo para todos.

༂

Dejarse impregnar por la alegría

Los Reyes Magos nos enseñan que se puede partir desde muy lejos para llegar a Cristo. Son hombres ricos, sabios extranjeros, sedientos de lo infinito, que emprenden un largo y peligroso viaje que los lleva hasta Belén (cf. Mt 2,1-12). Frente al Rey Niño, experimentan una gran alegría. No se escandalizan por la pobreza del entorno; no dudan en arrodillarse y adorarlo. Frente a Él, comprenden que, así como Dios gobierna con suprema sabiduría el curso de las estrellas, también guía el curso de la historia, derribando a los poderosos y exaltando a los humildes. Y seguramente, al regresar a su tierra, habrán contado este sorprendente encuentro con el Mesías, marcando el inicio del viaje del Evangelio entre las naciones.

⚜

Los tres gestos de los Reyes Magos

Tres gestos de los Reyes Magos guían nuestro camino hacia el Señor, quien hoy se manifiesta como luz y salvación para todas las naciones. Los Magos ven la estrella, caminan y ofrecen regalos. Ver la estrella. Es el punto de partida. Pero podríamos preguntarnos, ¿por qué solo los Magos vieron la estrella? Quizás porque pocos habían levantado la mirada hacia el cielo. A menudo, en la vida, nos conformamos con mirar hacia el suelo: la salud, un poco de dinero y diversión son suficientes. Y me pregunto: ¿todavía sabemos levantar la mirada al cielo? ¿Sabemos soñar, anhelar a Dios, esperar su novedad, o nos dejamos llevar por la vida como una rama seca arrastrada por el viento? Los Magos no se conformaron con sobrevivir, con flotar. Comprendieron que, para vivir de verdad, se necesita una meta elevada y, por lo tanto, es necesario mantener la mirada en alto.

Caminar, la segunda acción de los Reyes Magos, es esencial para encontrar a Jesús. Su estrella, de hecho, requiere la decisión de emprender el camino, el esfuerzo diario de la marcha; pide liberarse de cargas inútiles y de ostentaciones abrumadoras que obstaculizan, y aceptar los imprevistos que no figuran en el mapa de la vida tranquila. Jesús se deja encontrar por quienes lo buscan, pero para buscarlo hay que moverse, salir. En otras palabras, para encontrar a Jesús, hay que superar el miedo a comprometerse, la satisfacción de sentirse llegados, la pereza de no pedir más a la vida. Es necesario arriesgarse, simplemente para encontrarse con un Niño. Pero vale inmensamente la pena, porque al encontrar a ese Niño, descubriendo su ternura y su amor, nos encontramos a nosotros mismos.

Ofrecer. Una vez que llegaron a Jesús después de su largo viaje, los Reyes Magos hicieron lo mismo que Él: dieron. Jesús está allí para ofrecer vida, y ellos ofrecen sus valiosos dones: oro, incienso y mirra. El Evangelio se cumple cuando el camino de la vida llega al acto de dar. Dar gratuitamente, por el Señor, sin esperar nada a cambio: esto es un signo seguro de haber encontrado a Jesús, quien dice: "Han recibido gratuitamente, den también gratuitamente" (Mt 10,8). Hacer el bien sin cálculos, incluso si nadie nos lo pide, incluso si no nos reporta ganancias, incluso si no nos hace sentir bien. Esto es lo que Dios desea. Él, haciéndose pequeño por nosotros, nos pide que ofrezcamos algo a sus hermanos más pequeños. ¿Quiénes son? Son precisamente aquellos que no tienen nada para devolver, como los necesitados, los hambrientos, los extranjeros, los encarcelados, los pobres (cf. Mt 25,31-46). Ofrecer un regalo apreciado a Jesús implica cuidar a un enfermo, dedicar tiempo a una persona difícil, ayudar a alguien que no nos interesa, ofrecer el perdón a quien nos ha ofendido. Son regalos gratuitos que no pueden faltar en la vida cristiana. De lo contrario, nos recuerda Jesús, si amamos a quienes nos aman, hacemos lo mismo que los paganos (cf. Mt 5,46-47). Miremos nuestras manos, a menudo vacías de amor, y tratemos hoy de pensar en un regalo gratuito, sin esperar nada a cambio, que podamos ofrecer. Será bienvenido al Señor. Y le pidamos a Él: "Señor, ayúdame a redescubrir la alegría de dar".

Hagamos como los Reyes Magos: mirar hacia arriba, caminar y ofrecer dones gratuitos.

❧

Quien adora a Jesús es transformado por su amor

En el Evangelio (Mt 2,1-12), está escrito que los Reyes Magos comienzan expresando sus intenciones: "Hemos visto su estrella en Oriente y hemos venido a adorarlo" (v. 2). Adorar es la culminación de su viaje, el objetivo de su camino. De hecho, cuando llegaron a Belén, "vieron al niño con María, su madre, se postraron y lo adoraron" (v. 11).

Adorar es encontrarse con Jesús sin una lista de peticiones, sino con el único deseo de estar con Él. Es descubrir que la alegría y la paz crecen a través de la alabanza y la acción de gracias. Cuando adoramos, permitimos que Jesús nos sane y nos cambie. Al adorar, le damos al Señor la oportunidad de transformarnos con su amor, de iluminar nuestras tinieblas, de fortalecernos en la debilidad y darnos valor en las pruebas. Adorar es ir a lo esencial: es el camino para desintoxicarse de tantas cosas inútiles, de dependencias que adormecen el corazón y embotan la mente. Al adorar, de hecho, aprendemos a rechazar lo que no debe ser adorado: el dios del dinero, el dios del consumo, el dios del placer, el dios del éxito, nuestro propio ego elevado a la categoría de dios. Adorar es humillarse ante el Altísimo, para descubrir ante Él que la grandeza de la vida no radica en el tener, sino en el amar. Adorar es redescubrirnos como hermanos y hermanas frente al misterio del amor que supera todas las distancias: es acceder al bien desde su fuente, es encontrar en el Dios cercano el coraje de acercarnos a los demás. Adorar es saber callar ante el Verbo divino, para aprender a decir palabras que no hieran, sino que consuelen.

Adorar es un acto de amor que cambia la vida. Es hacer como los Reyes Magos: es llevar al Señor el oro, para decirle que nada es más precioso que Él; es ofrecerle el incienso, para decirle que solo con Él nuestra vida se eleva hacia lo alto; es presentarle la mirra, con la que se ungían los cuerpos heridos y afligidos, para prometer a Jesús que socorreremos a nuestro prójimo marginado y sufriente, porque allí está Él. Normalmente sabemos orar –pedimos y agradecemos al Señor–, pero la Iglesia debe ir aún más allá con la oración de adoración, debemos crecer en la adoración. Es una sabiduría que debemos aprender cada día. Orar adorando: la oración de adoración.

Queridos hermanos y hermanas, hoy cada uno de nosotros puede preguntarse: "¿Soy un cristiano adorador?". Muchos cristianos que oran no saben adorar. Hagámonos esta pregunta. Encontremos tiempo para la adoración en nuestros días y creemos espacios para la adoración en nuestras comunidades. Depende de nosotros, como Iglesia, poner en práctica las palabras que hemos rezado hoy en el Salmo: "Te adorarán, Señor, todos los pueblos de la tierra". Al adorar, también descubriremos, al igual que los Magos, el sentido de nuestro camino. Y, al igual que los Reyes Magos, experimentaremos "una gran alegría" (Mt 2,10).

ᴄᴀ

Hombres ilustres pero humildes

Pensemos en estos sabios que vinieron de lejos, ricos, educados, conocidos, y se postraron, es decir, ¡se inclinaron hacia el suelo para adorar a un niño! Parece una contradicción. Sorprende un gesto tan humilde realizado por hombres tan ilustres. Postrarse ante una autoridad que se presentaba con signos de poder y gloria era algo común en ese tiempo. Incluso hoy, no sería extraño. Pero ante el Niño de Belén no es sencillo. No es fácil adorar a este Dios cuya divinidad permanece oculta y no se muestra triunfante. Significa aceptar la grandeza de Dios que se manifiesta en la humildad: ese es el mensaje. Los Reyes Magos se someten a la inaudita lógica de Dios, reciben al Señor no como lo imaginaban, sino tal como es, pequeño y pobre. Su postración es el signo de quienes dejan de lado sus propias ideas y dan espacio a Dios. Se necesita humildad para hacerlo.

El Evangelio insiste en esto: no solo dice que los Reyes Magos adoraron, enfatiza que se postraron y adoraron. Observemos esta indicación: la adoración va de la mano con la postración. Al realizar este gesto, los Magos demuestran que están recibiendo con humildad a Aquel que se presenta en la humildad. Y es de esta manera que se abren a la adoración de Dios. Los cofres que abren son una imagen de su corazón abierto: su verdadera riqueza no radica en la fama ni el éxito, sino en la humildad, en reconocerse necesitados de salvación. Así es el ejemplo que nos dan los Reyes Magos hoy.

Si en el centro de todo siempre seguimos siendo nosotros con nuestras ideas y presumimos tener algo que exhibir ante Dios, nunca lo encontraremos por completo, nunca llegaremos a adorarlo. Si nuestras pretensiones, vanidades, terquedades y ansias de sobresalir no caen, es probable que adoremos a alguien o algo en la vida, pero ¡no será el Señor! Sin embargo, si dejamos de pretender ser autosuficientes, si nos volvemos humildes por dentro, entonces redescubriremos la maravilla de adorar a Jesús. Porque la adoración pasa por la humildad del corazón: aquellos obsesionados con superar a los demás no se dan cuenta de la presencia del Señor. Jesús pasa junto a ellos y es ignorado, como sucedió en ese tiempo con muchos, pero no con los Reyes Magos.

Los Magos comenzaron su viaje mirando una estrella y encontraron a Jesús. Caminaron mucho. Hoy podemos seguir este consejo: mira la estrella y camina. Nunca dejes de caminar, pero tampoco dejes de mirar la estrella. Este es el consejo de hoy, poderoso: mira la estrella y camina, mira la estrella y camina.

ᘓᕬ

El encuentro con Jesús pone a los Magos en camino

Estos sabios, provenientes de regiones lejanas, después de haber viajado mucho, encuentran a aquel a quien deseaban conocer, luego de buscarlo durante mucho tiempo, seguramente con esfuerzo y peripecias. Y cuando finalmente llegan a su destino, se postran ante el Niño, lo adoran y le ofrecen sus valiosos regalos. Después de ese encuentro, reanudan su viaje sin demora para regresar a su tierra. Sin embargo, ese encuentro con el Niño los ha transformado.

El encuentro con Jesús no retiene a los Magos, al contrario, les infunde un nuevo impulso para regresar a su tierra, para contar lo que han visto y la alegría que han experimentado. En esto, vemos una demostración del estilo de Dios, de su manera de manifestarse en la historia. La experiencia de Dios no nos detiene, sino que nos libera; no nos encarcela, sino que nos pone en marcha de nuevo, nos devuelve a los lugares habituales de nuestra existencia. Los lugares serán los mismos, pero nosotros, después del encuentro con Jesús, ya no somos los mismos que éramos antes. El encuentro con Jesús nos cambia, nos transforma. El evangelista Mateo destaca que los Reyes Magos regresaron "por otro camino" (v. 12). Fueron guiados a cambiar su camino por la advertencia del ángel, para no encontrarse con Herodes y sus tramas de poder.

Cada experiencia de encuentro con Jesús nos impulsa a emprender caminos diferentes, porque de Él proviene una fuerza buena que sana el corazón y nos aleja del mal.

Existe una dinámica sabia entre la continuidad y la novedad: regresan "a su propio país", pero "por otro camino". Esto indica que somos nosotros quienes debemos cambiar, transformar nuestra forma de vivir en el mismo entorno, modificar nuestros criterios de juicio sobre la realidad que nos rodea. Aquí radica la diferencia entre el Dios verdadero y los ídolos engañosos, como el dinero, el poder, el éxito...; entre Dios y aquellos que prometen darte estos ídolos, como los magos, los adivinos, los hechiceros. La diferencia es que los ídolos nos atan a ellos, nos convierten en ídolos-dependientes, y nosotros nos apoderamos de ellos. El Dios verdadero no nos retiene ni se deja retener por nosotros: nos abre caminos de novedad y libertad, porque Él es el Padre que siempre está con nosotros para hacernos crecer. Si te encuentras con Jesús, si tienes un encuentro espiritual con Jesús, recuerda: debes regresar a los mismos lugares de siempre, pero por otro camino, con un estilo diferente. Así es, es el Espíritu Santo que Jesús nos da, el que cambia nuestro corazón.

La Estrella

¿Dónde está el rey de los judíos que ha nacido? Hemos visto su estrella en el oriente y hemos venido a adorarlo.

Mt 2,2

⁂

Una estrella entre las estrellas

¡Cuántas estrellas hay en el cielo! Sin embargo, los Reyes Magos siguieron una diferente, nueva, que brillaba mucho más para ellos. Habían observado durante mucho tiempo el gran libro del cielo en busca de respuestas a sus preguntas –tenían el corazón inquieto–, y finalmente, la luz apareció. Esa estrella los cambió. Olvidaron sus preocupaciones diarias y de inmediato comenzaron su viaje. Escucharon una voz en su interior que los instaba a seguir esa luz –es la voz del Espíritu Santo que opera en todas las personas–, y los guió hasta que encontraron al rey de los judíos en una humilde casa en Belén.

Todo esto es una enseñanza para nosotros. Hoy nos hará bien repetir la pregunta de los Reyes Magos: "¿Dónde está el rey de los judíos que ha nacido? Hemos visto su estrella y hemos venido a adorarlo" (Mt 2,2). Estamos llamados, especialmente en un período como el nuestro, a buscar los signos que Dios nos ofrece, sabiendo que requieren nuestro compromiso para descifrarlos y comprender así su voluntad. Estamos llamados a ir a Belén para encontrar al Niño y a su Madre. Sigamos la luz que Dios nos ofrece –pequeña...; el himno del breviario poéticamente nos dice que los Magos "*lumen requirunt lumine*": esa pequeña luz–, la luz que emana del rostro de Cristo, llena de misericordia y fidelidad. Y una vez que estemos frente a Él, adoremos con todo nuestro corazón y presentémosle nuestros dones: nuestra libertad, nuestra inteligencia, nuestro amor. La verdadera sabiduría se esconde en el rostro de este Niño.

༄

¿Qué estrellas seguimos en nuestra vida?

Pero podríamos preguntarnos, ¿por qué entre todos los que miraban al cielo, muchos otros no siguieron esa estrella, "su estrella" (Mt 2,2)? Tal vez porque no era una estrella llamativa, que brillara más que las demás. Era una estrella –como dice el Evangelio–, que los Reyes Magos vieron "aparecer" (vv. 2.9). La estrella de Jesús no ciega, no aturde, sino que invita gentilmente. Podemos preguntarnos qué estrella elegimos en la vida. Hay estrellas deslumbrantes que suscitan fuertes emociones, pero que no orientan el camino. Esto es así para el éxito, el dinero, la carrera, los honores, los placeres buscados como el propósito de la existencia. Son meteóricas: brillan por un tiempo, pero se estrellan rápidamente y su resplandor se desvanece. Son estrellas fugaces que desvían en lugar de orientar. La estrella del Señor, en cambio, no es siempre deslumbrante, pero siempre está presente; es suave; te toma de la mano en la vida, te acompaña. No promete recompensas materiales, pero garantiza la paz y da, como a los Reyes Magos, "una gran alegría" (Mt 2,10). Pero pide caminar.

༄

Busquemos la luz correcta

La Epifanía del Señor es la manifestación de Jesús que brilla como luz para todas las naciones. El símbolo de esta luz que resplandece en el mundo y quiere iluminar la vida de cada uno es la estrella que guio a los Reyes Magos a Belén. Ellos, dice el Evangelio, vieron "aparecer su estrella" (Mt 2,2) y decidieron seguirla: eligieron ser guiados por la estrella de Jesús.

También en nuestra vida hay diferentes estrellas, luces que brillan y guían. Depende de nosotros elegir cuáles seguir. Por ejemplo, hay luces intermitentes que vienen y van, como las pequeñas satisfacciones de la vida: aunque son buenas, no son suficientes, porque son efímeras y no nos dejan la paz que buscamos. Luego están las luces deslumbrantes de la fama, el dinero y el éxito, que prometen todo y de inmediato: son seductoras, pero con su fuerza ciegan y te llevan desde los sueños de gloria a la oscuridad más densa. Los Reyes Magos, en cambio, nos invitan a seguir una luz estable, una luz suave, que no se apaga, porque no es de este mundo: viene del cielo y brilla... ¿dónde? En el corazón.

Esta verdadera luz es la luz del Señor o, mejor dicho, es el Señor mismo. Él es nuestra luz: una luz que no deslumbra, sino que acompaña y brinda una alegría única. Esta luz es para todos y llama a cada uno de nosotros: así podemos escuchar el llamado del profeta Isaías de hoy: "Levántate, vístete de luz" (60,1). Al comienzo de cada día, podemos recibir esta invitación: ¡levántate, vístete de luz y sigue hoy, entre las muchas estrellas fugaces en el mundo, la brillante estrella de Jesús! Siguiéndola, experimentaremos la alegría, como los Magos, que "al ver la estrella, sintieron una alegría muy grande" (Mt 2,10); porque donde está Dios, hay alegría. Quienes han encontrado a Jesús han experimentado el milagro de la luz que rasga las tinieblas y conocen esta luz que ilumina y aclara. Quiero, con mucho respeto, invitar a todos a no tener miedo de esta luz y a abrirse al Señor. Sobre todo, quiero decirles a aquellos que han perdido la fuerza para buscar, que están cansados, a quienes, abrumados por las oscuridades de la vida, han apagado el deseo: levántense, valientes, la luz de Jesús puede vencer las tinieblas más oscuras; ¡levántense, valientes!

¿Y cómo encontrar esta luz divina? Sigamos el ejemplo de los Magos, que el Evangelio siempre describe en movimiento. Quien desea la luz no se queda en sí mismo y busca: no se queda encerrado, inmóvil, mirando lo que sucede alrededor, sino que pone en juego su vida; sale de sí mismo. La vida cristiana es un camino continuo, lleno de esperanza, lleno de búsqueda; un camino que, como el de los Magos, continúa incluso cuando la estrella desaparece momentáneamente de la vista. En este camino también hay peligros que deben ser evitados: las conversaciones superficiales y mundanas que frenan el paso; los caprichos paralizantes del egoísmo; los hoyos del pesimismo que atrapan la esperanza. Estos obstáculos bloquearon a los escribas de los que habla el Evangelio de hoy. Sabían dónde estaba la luz, pero no se movieron. Cuando Herodes les preguntó: "¿Dónde debería nacer el Mesías?". –"¡En Belén!". Sabían dónde, pero no se movieron. Su conocimiento fue en vano: sabían muchas cosas, pero para nada, todo en vano. No basta con saber que Dios ha nacido, si no celebramos la Navidad en el corazón con Él. Dios ha nacido, sí, pero ¿ha nacido en tu corazón? ¿Ha nacido en mi corazón? ¿Ha nacido en nuestro corazón? Así lo encontraremos, como los Magos, con María, José, en el establo.

⚜

No estamos abandonados

Los Magos, según el Evangelio, "al ver la estrella, se llenaron de alegría" (Mt 2,10). Para nosotros también hay una gran consolación al ver la estrella, es decir, al sentirnos guiados y no abandonados a nuestro destino. Y la estrella es el Evangelio, la Palabra del Señor, como dice el Salmo: "Lámpara es tu palabra para mis pasos, luz en mi sendero" (119,105). Esta luz nos guía hacia Cristo. ¡Sin escuchar el Evangelio, no podemos encontrarlo! Los Magos, de hecho, al seguir la estrella llegaron al lugar donde se encontraba Jesús.

Herodes

Entonces Herodes, al sentirse burlado por los Magos,
se enfureció en gran manera y ordenó matar a todos
los niños varones que estaban en Belén y en todo
su territorio, desde la edad de dos años en adelante,
conforme al tiempo que precisamente había indagado
de los Magos.[1]

Mt 2,16

༄

El tenebroso palacio de Herodes

El Evangelio nos dice que los Magos, cuando llegaron a Jerusalén, perdieron de vista la estrella por un tiempo. Ya no la veían. En particular, su luz está ausente en el palacio del rey Herodes: ese lugar es oscuro, reina la oscuridad, la desconfianza, el miedo, la envidia. Herodes, de hecho, se muestra suspicaz y preocupado por el nacimiento de un frágil Niño que él percibe como un rival. En realidad, Jesús no ha venido para derrocarlo a él, un mero títere, sino al Príncipe de este mundo. Sin embargo, el rey y sus consejeros sienten que los cimientos de su poder tiemblan, temen que las reglas del juego sean trastocadas y las apariencias desenmascaradas. Un mundo entero construido en el dominio, el éxito, la posesión, la corrupción es desafiado por un Niño. Y

---

1. Herodes se encuentra en Jerusalén y no en Belén, pero en muchos pesebres en España y América Latina se representa el palacio de Herodes y a veces incluso a Herodes mismo; también en Italia, en los pesebres napolitanos.

Herodes llega al extremo de matar a los niños. "Matas a los niños en la carne porque el miedo te mata en el corazón" –escribe San Quodvultdeus (Disc. 2 sobre el Símbolo: PL 40, 655)–. Así es: tenía miedo y por ese miedo enloqueció.

ᏇᏇ

Herodes tiene miedo

A esta diligente búsqueda de los Reyes Magos, se opone el segundo comportamiento: la indiferencia de los sumos sacerdotes y los escribas. Estos estaban muy "cómodos". Conocen las Escrituras y son capaces de dar la respuesta correcta sobre el lugar del nacimiento: "En Belén de Judea, porque así está escrito por medio del profeta" (v. 5); ellos saben, pero no se molestan en ir a encontrar al Mesías. Y Belén está a pocos kilómetros, pero ellos no se mueven.

Aún más negativo es el comportamiento de Herodes: el miedo. Tiene miedo de que ese Niño le quite el poder. Llama a los Magos y les hace preguntas sobre cuándo apareció la estrella, y luego los envía a Belén diciendo: "Vayan e infórmense […] acerca del niño; y cuando lo encuentren, comuníquenmelo, para que yo vaya también a adorarlo" (vv. 7-8). En realidad, Herodes no quería ir a adorar a Jesús; él quería saber dónde estaba el niño, no para adorarlo, sino para eliminarlo, ya que lo veía como un rival. Y fíjense bien: el miedo siempre lleva a la hipocresía. Los hipócritas lo son porque tienen miedo en sus corazones.

El egoísmo puede llevar a ver la venida de Jesús a nuestra vida como una amenaza. Entonces, se intenta suprimir o silenciar el mensaje de Jesús. Cuando se siguen las ambiciones humanas, las perspectivas más cómodas o las inclinaciones al mal, Jesús es percibido como un obstáculo.

Por otro lado, siempre está presente la tentación de la indiferencia. A pesar de saber que Jesús es el Salvador –el nuestro y de todos–, se prefiere vivir como si no lo fuera: en lugar de actuar de acuerdo con nuestra fe cristiana, se siguen los principios del mundo, que nos llevan a satisfacer nuestras inclinaciones hacia la prepotencia, el deseo de poder y la búsqueda de riquezas.

◇

El temor de Herodes mata su corazón

Mientras los Magos avanzaban, Jerusalén dormía. Dormía en complicidad con un Herodes que, en lugar de buscar, también dormía. Dormía bajo la anestesia de una conciencia cauterizada. Y se quedó perpleja. Tenía miedo. Es el desconcierto que, ante la novedad que revoluciona la historia, se encierra en sí misma, en sus logros, en sus conocimientos, en sus éxitos. El desconcierto de aquellos que están sentados en la riqueza sin poder ver más allá. Un desconcierto que surge en el corazón de quienes quieren controlarlo todo y a todos. Es el desconcierto de aquellos inmersos en la cultura de ganar a toda costa; en una cultura donde solo hay espacio para los "ganadores" sin importar el precio. Un desconcierto que nace del miedo y el temor a lo que nos cuestiona y pone en riesgo nuestras certezas y verdades, nuestras formas de aferrarnos al mundo y la vida. Y así Herodes tuvo miedo, y ese miedo lo llevó a buscar seguridad en el crimen: *"Necas parvulos corpore, quia te necat timor in corde"* (San Quodvultdeus, Sermón 2 sobre el símbolo: PL 40, 655). Matas a los niños en el cuerpo, porque el miedo te mata el corazón.

Herodes no pudo adorar porque no quiso ni pudo cambiar su mirada. No quiso dejar de adorarse a sí mismo, creyendo que todo comenzaba y terminaba con él. No pudo adorar porque su propósito era que lo adorasen a él. Ni siquiera los sacerdotes pudieron adorar porque sabían mucho, conocían las profecías, pero no estaban dispuestos ni a caminar ni a cambiar.

ᗑ

La teología no es suficiente si no se sabe adorar

Además de Herodes, hay otras personas en el Evangelio que no pueden adorar: son los jefes de los sacerdotes y los escribas del pueblo. Le indican a Herodes con extrema precisión dónde nacería el Mesías: en Belén de Judea (cfr. v. 5). Conocen las profecías, las citan exactamente. Saben a dónde ir –son grandes teólogos, ¡grandes!–, pero no van. También de esto podemos sacar una enseñanza. En la vida cristiana, no basta con saber: sin salir de uno mismo, sin encontrarse, sin adorar no se conoce a Dios. La teología y la eficiencia pastoral sirven de poco o nada si no se doblan las rodillas, si no se hace lo que hicieron los Magos, que no fueron solo sabios organizadores de un viaje, sino que caminaron y adoraron. Al adorar, nos damos cuenta de que la fe no se reduce a un conjunto de hermosas doctrinas, sino que es una relación con una Persona viva a la que amar. Es estando cara a cara con Jesús que conocemos su rostro. Adorando, descubrimos que la vida cristiana es una historia de amor con Dios, donde no bastan las buenas ideas, sino que hay que ponerlo a Él en primer lugar, como lo hace un enamorado con la persona que ama. Así debe ser la Iglesia, una adoradora enamorada de Jesús, su esposo.

Adoremos como una necesidad de la fe. Si sabemos arrodillarnos ante Jesús, venceremos la tentación de seguir cada uno su propio camino. Adorar, de hecho, es hacer un éxodo de la esclavitud más grande, la de uno mismo. Adorar es poner al Señor en el centro para no estar centrados en nosotros mismos. Es dar el orden correcto a las cosas, dejando a Dios en el primer lugar. Adorar es poner los planes de Dios antes que mi tiempo, mis derechos y mis espacios. Es aceptar la enseñanza de las Escrituras: "Al Señor tu Dios adorarás" (Mt 4,10). Tu Dios: adorar es sentir que nos pertenecemos mutuamente con Dios. Es tratarlo de "tú" en la intimidad, permitiéndole entrar en nuestras vidas. Es traer su consuelo al mundo. Adorar es descubrir que para orar basta con decir: "¡Señor mío y Dios mío!" (Jn 20,28) y dejarnos inundar por su ternura.

০৯৯

La Navidad está acompañada por el llanto

L a Navidad, a pesar nuestro, también está acompañada por el llanto. Los evangelistas no se permitieron disfrazar la realidad para hacerla más creíble o atractiva. No se permitieron realizar un discurso "bello" pero irreal. Para ellos, la Navidad no era un refugio imaginario en el que esconderse de los desafíos e injusticias de su tiempo. Por el contrario, nos anuncian el nacimiento del Hijo de Dios envuelto también en una tragedia de dolor. Citando al profeta Jeremías, el evangelista Mateo lo presenta con gran crudeza: "Un grito se oyó en Ramá, llanto y lamento grande: Raquel llora a sus hijos" (2,18). Es el gemido de dolor de las madres que lloran la muerte de sus hijos inocentes frente a la tiranía y la desenfrenada sed de poder de Herodes.

Un gemido que incluso hoy podemos seguir escuchando, que nos toca el alma y que no podemos ni queremos ignorar ni silenciar. Hoy, desafortunadamente, –y lo escribo con mucho dolor–, entre nuestra gente, continúa escuchándose el lamento y el llanto de tantas madres, de tantas familias, por la muerte de sus hijos, de sus hijos inocentes.

❦

Herodes expulsa a la Sagrada Familia

Cuando la ira violenta de Herodes se desató en el territorio de Belén, la Sagrada Familia de Nazaret vivió la angustia de la persecución y, guiada por Dios, se refugió en Egipto. El pequeño Jesús nos recuerda así que más de la mitad de los refugiados en el mundo hoy son niños, víctimas inocentes de injusticias humanas.

La Sagrada Familia

Después de cumplir con todas las prescripciones de
la ley del Señor, regresaron a Nazaret, su ciudad. Y el
niño creció y se fortaleció; estaba lleno de sabiduría
y la gracia de Dios estaba sobre él.

Lc 2,30-40

༺

El Hijo de Dios nació en una familia

Es hermoso reflexionar sobre el hecho de que el Hijo de Dios
quiso necesitar, como todos los niños, el calor de una familia.
Precisamente por eso, porque la familia de Jesús, la de Nazaret, es
la familia-modelo, en la que todas las familias del mundo pueden
encontrar su punto de referencia y una inspiración segura. En
Nazaret brotó la primavera de la vida humana del Hijo de Dios,
en el momento en que fue concebido por obra del Espíritu Santo
en el seno virginal de María. Entre las paredes acogedoras de
la Casa de Nazaret, transcurrió en alegría la infancia de Jesús,
rodeado del cuidado maternal de María y de la atención de José,
en quien Jesús pudo ver la ternura de Dios (cf. Carta apostólica
Patris corde, 2).

A imitación de la Sagrada Familia, estamos llamados a redescubrir el valor educativo del núcleo familiar: debe basarse en el amor,
que siempre regenera las relaciones y abre horizontes de esperanza.
La auténtica comunión en la familia se experimenta cuando el
hogar se convierte en un lugar de oración, cuando los afectos son
sinceros, profundos y puros, cuando el perdón prevalece sobre las

discordias, cuando la dureza de la vida cotidiana se ve suavizada por la ternura mutua y por una serena adhesión a la voluntad de Dios. De esta manera, la familia se abre a la alegría que Dios da a todos los que saben dar con alegría. Al mismo tiempo, encuentra la energía espiritual para abrirse al mundo exterior, a los demás, al servicio de los hermanos, a la colaboración en la construcción de un mundo siempre nuevo y mejor, capaz, por lo tanto, de ser un portador de influencias positivas; la familia evangeliza a través del ejemplo de vida.

ॐ

Una familia en la periferia del mundo

La encarnación del Hijo de Dios marca un nuevo comienzo en la historia universal del hombre y la mujer. Y este nuevo comienzo ocurre en el seno de una familia, en Nazaret. Jesús nació en una familia. Podría haber venido de manera espectacular, como un guerrero, un emperador... No, no: viene como un hijo de familia, en una familia. Esto es importante: mirar esta escena tan hermosa en el pesebre.

Dios eligió nacer en una familia humana que Él mismo formó. La formó en un pueblo remoto de la periferia del Imperio romano. Y así, precisamente desde allí, desde la periferia del gran Imperio, comenzó la historia más santa y más buena, la de Jesús entre los hombres. Y allí estaba esta familia.

Jesús pasó treinta años en esa periferia. El evangelista Lucas resume este período de la siguiente manera: Jesús "les estaba sujeto" [es decir, a María y José]. El camino de Jesús estaba en esa familia. "Su madre conservaba todas estas cosas en su corazón, y Jesús crecía en sabiduría, en estatura y en gracia delante de Dios y de los hombres" (Lc 2,51-52). No se mencionan milagros, sanaciones ni predicaciones —no hacía falta en ese tiempo— de multitudes acudiendo; en Nazaret todo parece transcurrir "normalmente", siguiendo las costumbres de una piadosa y laboriosa familia israelita: trabajaban, la madre cocinaba, realizaba todas las tareas del hogar, planchaba camisas... todas las cosas de una madre. El padre, José, carpintero, trabajaba y enseñaba a su hijo el oficio. Treinta años. "Pero, ¡qué desperdicio, Padre!". Los caminos de Dios son misteriosos. Pero lo que era importante allí era la familia. Y esto no fue un desperdicio. Eran grandes santos: María, la mujer más santa, inmaculada, y José, el hombre más justo. La familia.

ᘓᕲ

La familia es la historia de la que venimos

D ios eligió a una familia humilde y sencilla para venir en medio de nosotros. Contemplemos la belleza de este misterio, destacando también dos aspectos concretos para nuestras familias.

El primero: la familia es la historia de la que venimos. Cada uno de nosotros tiene su propia historia; nadie nace mágicamente, con una varita mágica, cada uno de nosotros tiene una historia y la familia es la historia de la que venimos. El Evangelio de la liturgia de hoy nos recuerda que incluso Jesús es hijo de una historia familiar. Lo vemos viajar a Jerusalén con María y José para la Pascua; luego, hace que su madre y su padre se preocupen al no poder encontrarlo; finalmente, lo encuentran y regresa a casa con ellos (cf. Lc 2,41-52). Es hermoso ver a Jesús insertado en la trama de los afectos familiares, nacido y creciendo en el abrazo y las preocupaciones de sus seres queridos. Esto es importante también para nosotros: venimos de una historia tejida con lazos de amor, y la persona que somos hoy no se debe tanto a los bienes materiales que hemos disfrutado, sino al amor que hemos recibido en el seno de la familia. Quizás no hayamos nacido en una familia excepcional y sin problemas, pero es nuestra historia –cada uno debe pensar: esta es mi historia–, estas son nuestras raíces: si las cortamos, ¡la vida se marchita! Dios no nos creó para ser líderes solitarios, sino para caminar juntos. Damos gracias por esto y rezamos por nuestras familias. Dios se preocupa y nos quiere juntos: agradecidos, unidos, capaces de preservar nuestras raíces. Debemos reflexionar sobre esto y sobre nuestra propia historia.

El segundo aspecto: se aprende a ser familia todos los días. En el Evangelio, vemos que incluso en la Sagrada Familia, no todo va bien: hay problemas inesperados, angustias, sufrimientos. No existe la Sagrada Familia de las imágenes perfectas. María y José pierden a Jesús y, angustiados, lo buscan, para encontrarlo tres días después. Cuando, sentado entre los maestros del Templo, responde que debe ocuparse de las cosas de su Padre, no lo comprenden. Necesitan tiempo para aprender a conocer a su hijo. Lo mismo sucede con nosotros: cada día, en la familia, debemos aprender a escucharnos y entendernos, a caminar juntos, a enfrentar conflictos y dificultades. Es un desafío diario, y se supera con la actitud correcta, con pequeñas atenciones, con gestos simples, cuidando los detalles de nuestras relaciones. También, hablar en familia, hablar en la mesa, el diálogo entre padres e hijos, el diálogo entre hermanos, nos ayuda a vivir esta raíz familiar que proviene de los abuelos. ¡El diálogo con los abuelos!

⁂

Una comunidad especial de vida y amor

El núcleo familiar de Jesús, María y José es una auténtica escuela del Evangelio para todo creyente y, especialmente, para las familias. En él, contemplamos la realización del plan divino de hacer de la familia una comunidad especial de vida y amor. Aquí aprendemos que cada familia cristiana está llamada a ser una "iglesia doméstica" para hacer resplandecer las virtudes evangélicas y convertirse en fermento de bien en la sociedad. Los rasgos típicos de la Santa Familia son: el recogimiento y la oración, la mutua comprensión y el respeto, el espíritu de sacrificio, el trabajo y la solidaridad.

Del ejemplo y testimonio de la Sagrada Familia, cada familia puede extraer valiosas indicaciones para su estilo de vida y sus elecciones, y puede encontrar fuerza y sabiduría para el camino diario. La Virgen María y San José enseñan a recibir a los hijos como un don de Dios, a engendrarlos y educarlos colaborando de manera maravillosa en la obra del Creador, y a ofrecer al mundo, en cada niño, una nueva sonrisa. Es en la familia unida donde los hijos maduran sus vidas, experimentando el amor gratuito, la ternura, el respeto mutuo, la comprensión recíproca, el perdón y la alegría de manera significativa y efectiva.

Me gustaría centrarme sobre todo en la alegría. La verdadera alegría experimentada en la familia no es algo casual o fortuito. Es una alegría que surge de la armonía profunda entre las personas, que permite saborear la belleza de estar juntos, de apoyarse mutuamente en el camino de la vida. Pero en la base de la alegría siempre está la presencia de Dios, su amor acogedor, misericordioso y paciente para con todos. Si no se abre la puerta de la familia a la presencia de Dios y a su amor, la familia pierde la armonía, prevalecen los individualismos y la alegría se apaga. En cambio, la familia que vive la alegría, la alegría de la vida, la alegría de la fe, la comunica de manera espontánea, siendo la sal de la tierra y la luz del mundo, un fermento para toda la sociedad.

⚬

Los padres son los guardianes de los hijos
(no los dueños)

El Evangelio nos invita a reflexionar sobre la experiencia vivida por María, José y Jesús mientras crecen juntos como familia en el amor mutuo y la confianza en Dios. Esta confianza se expresa en el ritual realizado por María y José al presentar a su hijo Jesús a Dios. El Evangelio dice: "Llevaron al niño a Jerusalén para presentarlo al Señor" (Lc 2,22), como exigía la ley mosaica. Los padres de Jesús van al templo para testificar que el hijo pertenece a Dios y que ellos son los guardianes de su vida, no los dueños. Esto nos lleva a reflexionar. Todos los padres son guardianes de la vida de sus hijos, no propietarios, y deben ayudarlos a crecer y madurar.

Este gesto subraya que solo Dios es el Señor de la historia individual y familiar; todo proviene de Él. Cada familia está llamada a reconocer este primado, cuidando y educando a sus hijos para que se abran a Dios, que es la fuente misma de la vida. De aquí proviene el secreto de la juventud interior, testimoniado paradójicamente en el Evangelio por una pareja de ancianos, Simeón y Ana. El anciano Simeón, en particular, inspirado por el Espíritu Santo, dice acerca del niño Jesús: "Él está aquí para la caída y la resurrección de muchos en Israel y como signo de contradicción [...] para que se revelen los pensamientos de muchos corazones" (vv. 34-35).

No hay ninguna situación familiar que esté excluida de este nuevo camino de renacimiento y resurrección. Cada vez que las familias, incluso aquellas heridas y marcadas por fragilidades, fracasos y dificultades, vuelven a la fuente de la experiencia cristiana, se abren nuevos caminos y posibilidades inimaginables.

El relato evangélico de hoy narra que María y José, "después de haber cumplido todo lo que prescribía la Ley del Señor, volvieron a Galilea, a su ciudad de Nazaret. El niño crecía y se fortalecía, lleno de sabiduría, y la gracia de Dios estaba sobre él" (vv. 39-40). Todos sabemos que una gran alegría de la familia es el crecimiento de los hijos. Están destinados a desarrollarse y fortalecerse, adquirir sabiduría y recibir la gracia de Dios, tal como sucedió con Jesús. Él es verdaderamente uno de nosotros: el

Hijo de Dios se convierte en niño, acepta crecer, fortalecerse, está lleno de sabiduría y la gracia de Dios está sobre Él. María y José tienen la alegría de ver todo esto en su hijo, y esta es la misión a la que se orienta la familia: crear las condiciones favorables para el crecimiento armonioso y pleno de los hijos, para que puedan llevar una vida buena, digna de Dios y constructiva para el mundo.

℘

María, José y Jesús se ayudan mutuamente a descubrir el plan de Dios

El término "santa" sitúa a la Santa Familia en el ámbito de la santidad, que es un don de Dios, pero al mismo tiempo implica una adhesión libre y responsable al proyecto de Dios. Así fue con la familia de Nazaret: estuvo totalmente disponible a la voluntad de Dios.

Es realmente asombroso, por ejemplo, la docilidad de María ante la acción del Espíritu Santo que le pide que se convierta en la madre del Mesías. Porque María, al igual que cualquier joven de su época, estaba a punto de llevar a cabo su proyecto de vida, que era casarse con José. Sin embargo, cuando se da cuenta de que Dios la llama a una misión especial, no duda en proclamarse "sierva" de Dios (Lc 1,38). Jesús enaltecerá su grandeza no tanto por su papel como madre, sino por su obediencia a Dios. Jesús dijo: "Más bienaventurados son los que oyen la palabra de Dios y la practican" (Lc 11,28), como lo hizo María. Incluso cuando no comprende completamente los eventos que la involucran, María medita en silencio, reflexiona y adora la iniciativa divina. Su presencia al pie de la cruz consagra esta total disponibilidad.

Luego, en lo que respecta a José, el Evangelio no nos presenta una sola palabra de él: no habla, pero actúa con obediencia. Es el hombre del silencio, el hombre de la obediencia. La página evangélica

(Mt 2,13-15.19-23) destaca tres veces esta obediencia del justo José, relacionada con la huida a Egipto y el regreso a la tierra de Israel. Bajo la guía de Dios, representado por el Ángel, José aleja a su familia de las amenazas de Herodes y la salva. La Santa Familia se solidariza así con todas las familias del mundo que se ven obligadas al exilio, se solidariza con todos aquellos que se ven obligados a abandonar su tierra debido a la represión, la violencia y la guerra.

Por último, la tercera persona de la Sagrada Familia, Jesús. Él es la voluntad del Padre: en Él, como dice San Pablo, no hay "sí" y "no", solo "sí" (cf. 2 Cor 1,19). Esto se manifestó en muchos momentos de su vida terrenal. Por ejemplo, el episodio en el templo cuando, a sus padres angustiados que lo buscaban, les respondió: "¿No sabían que yo debo ocuparme de los asuntos de mi Padre?" (Lc 2,49); su constante repetición: "Mi alimento es hacer la voluntad del que me envió" (Jn 4,34); su oración en el Huerto de los Olivos: "Padre mío, si es posible, que pase de mí este cáliz, pero no se haga mi voluntad, sino la tuya" (Mt 26,42). Todos estos eventos son la perfecta realización de las palabras de Cristo que dice: "Tú no quisiste sacrificio ni ofrenda [...]. Entonces dije: 'He aquí que vengo [...] para hacer, oh Dios, tu voluntad'" (Heb 10,5-7; Sal 40,7-9).

María, José y Jesús: la Sagrada Familia de Nazaret que representa una respuesta conjunta a la voluntad del Padre: los tres miembros de esta familia se ayudan recíprocamente a descubrir el plan de Dios. Ellos oraban, trabajaban y se comunicaban. Me pregunto: ¿en tu familia, sabes comunicarte o eres como esos jóvenes en la mesa, cada uno con su teléfono, mientras están chateando? Debemos retomar el diálogo en la familia: padres, madres, hijos, abuelos y hermanos deben comunicarse entre sí... Esto es una tarea que debemos llevar a cabo siguiendo el ejemplo de la Sagrada Familia. Que la Sagrada Familia pueda ser un modelo para nuestras familias, para que padres e hijos se apoyen mutuamente en la adhesión al Evangelio, que es el fundamento de la santidad de la familia.

Las Diferentes Estatuillas

El herrero, el molinero, la portadora de agua, los niños, los animales... representan la santidad cotidiana.

ॐ

Muchos personajes alrededor de Jesús

En nuestros pesebres solemos colocar muchas estatuillas simbólicas. En primer lugar, aquellas de mendigos y personas que no conocen otra abundancia que la del corazón. También ellos están cerca del Niño Jesús de pleno derecho, sin que nadie los pueda desalojar o alejar de una cuna tan improvisada que los pobres alrededor de ella no desentonan en absoluto. Los pobres, de hecho, son los privilegiados en este misterio y a menudo son quienes mejor pueden reconocer la presencia de Dios en medio de nosotros.

A menudo, los niños –¡y también los adultos!– disfrutan agregando al pesebre otras estatuillas que parecen no tener ninguna relación con los relatos evangélicos. Sin embargo, esta imaginación pretende expresar que en este nuevo mundo inaugurado por Jesús hay espacio para todo lo que es humano y para cada criatura.

Desde el pastor hasta el herrero, desde el panadero hasta los músicos, desde las mujeres que llevan cántaros de agua hasta los niños que juegan...; todo esto representa la santidad cotidiana, la alegría de hacer de manera extraordinaria las cosas de todos los días, cuando Jesús comparte con nosotros su vida divina.

༕

La lección del pesebre "km cero"

Del pesebre podemos extraer una lección sobre el sentido mismo de la vida. Vemos escenas cotidianas: los pastores con las ovejas, los herreros forjando el hierro, los molineros haciendo pan; a veces se incluyen paisajes y situaciones de nuestras regiones. Esto es correcto, porque el pesebre nos recuerda que Jesús viene a nuestra vida concreta. Y eso es importante. Hacer un pequeño pesebre en casa siempre, porque es un recordatorio de que Dios ha venido a nosotros, ha nacido entre nosotros, nos acompaña en la vida, es humano como nosotros, se ha hecho hombre como nosotros. En la vida diaria, ya no estamos solos, Él habita con nosotros. No cambia las cosas mágicamente, pero si lo recibimos, todo puede cambiar.

El Árbol de Navidad

El fruto del justo es un árbol de vida.

Prov 11,30

❧

El árbol apunta hacia arriba

Cada año, el pesebre y el árbol de Navidad nos hablan a través de su lenguaje simbólico. Hacen más visible lo que se experimenta en el nacimiento del Hijo de Dios. Son signos de la compasión del Padre celestial, de su participación y cercanía a la humanidad, que siente que no ha sido abandonada en la noche de los tiempos, sino visitada y acompañada en sus dificultades. El árbol que se eleva hacia arriba nos estimula a alcanzar "los dones más elevados" (cf. 1 Cor 12,31), a elevarnos por encima de las nieblas que oscurecen, para experimentar cuán hermoso y alegre es estar inmersos en la luz de Cristo. En la sencillez del pesebre, encontramos y contemplamos la ternura de Dios, manifestada en la del Niño Jesús.

❧

Un signo de renacimiento

El abeto es un signo de Cristo, el árbol de la vida (cf. Apoc 2,7), el árbol al cual el hombre no pudo acceder debido al pecado (cf. Gén 2,9). Pero con la Navidad, la vida divina se ha unido a la del hombre. El árbol de Navidad, ahora, evoca el renacimiento, el regalo de Dios que se une al hombre para siempre, que nos regala su vida. Las luces del abeto recuerdan la luz de Jesús, la luz del amor que sigue brillando en las noches del mundo.

Navidad es esto, no permitamos que se contamine con el consumismo y la indiferencia. Sus símbolos, especialmente el pesebre y el árbol decorado, nos traen de vuelta a la certeza que llena nuestro corazón de paz, la alegría por la Encarnación, a Dios que se hace familiar: Él habita con nosotros, da ritmo de esperanza a nuestros días. El árbol y el pesebre nos sumergen en ese clima típico de la Navidad que es parte del patrimonio de nuestras comunidades: un ambiente rico en ternura, compartiendo y la intimidad familiar. ¡No vivamos una Navidad falsa, por favor, una Navidad comercial! Déjate envolver por la cercanía de Dios, esta cercanía que es compasiva, que es tierna; sumérgete en la atmósfera navideña que el arte, la música, los cantos y las tradiciones traen al corazón.

La Navidad

Pues la gracia de Dios, que trae salvación a todos los hombres, se ha manifestado. Esta gracia nos enseña a rechazar la impiedad y los deseos mundanos, y a vivir con sobriedad, justicia y piedad en este mundo, mientras aguardamos la bienaventurada esperanza y la manifestación de la gloria de nuestro gran Dios y Salvador Jesucristo.

Tit 2,11-13

ॐ

El regalo del Niño Jesús

Me gustaría reflexionar con ustedes sobre el Nacimiento de Jesús, una celebración de la confianza y la esperanza que supera la incertidumbre y el pesimismo. Y la razón de nuestra esperanza es esta: ¡Dios está con nosotros y Dios todavía confía en nosotros! Pero piensen en esto: Dios está con nosotros y Dios todavía confía en nosotros. ¡Qué generoso es Dios Padre! Él viene a vivir con los hombres, elige la Tierra como Su morada para estar junto al hombre y encontrarse donde el hombre pasa sus días en alegría o tristeza. Por lo tanto, la Tierra ya no es solo un "valle de lágrimas", sino el lugar donde Dios ha puesto su tienda, el lugar del encuentro de Dios con el hombre, de la solidaridad de Dios con los hombres.

Dios quiso compartir nuestra condición humana al punto de hacerse uno con nosotros en la persona de Jesús, que es verdadero hombre y verdadero Dios. Pero hay algo aún más sorprendente. La presencia de Dios en medio de la humanidad no se realizó en un mundo ideal, idílico, sino en este mundo real, marcado por muchas cosas buenas y malas, marcado por divisiones, maldad, pobreza, opresión y guerras. Él eligió vivir nuestra historia tal como es, con todo el peso de sus limitaciones y tragedias. Así demostró de manera insuperable su inclinación misericordiosa y llena de amor hacia las criaturas humanas. Él es el Dios-con-nosotros; Jesús es Dios-con-nosotros. ¿Creen en esto? Hagamos juntos esta profesión: ¡Jesús es Dios-con-nosotros! Jesús es Dios-con-nosotros desde siempre y para siempre, con nosotros en las penas y dolores de la historia. La Navidad de Jesús es la manifestación de que Dios se ha "comprometido" de una vez por todas del lado del hombre, para salvarnos, para levantarnos del polvo de nuestras miserias, dificultades y pecados.

De aquí proviene el gran "regalo" del Niño de Belén: Él nos trae una energía espiritual, una energía que nos ayuda a no hundirnos en nuestras fatigas, desesperaciones y tristezas, porque es una energía que calienta y transforma el corazón. El nacimiento de Jesús, de hecho, nos trae la hermosa noticia de que somos amados inmensamente y de manera singular por Dios, y este amor no solo nos lo hace conocer, ¡sino que nos lo da, nos lo comunica!

❧

La Navidad es un fuego eterno

La Navidad se ha convertido en una festividad universal, e incluso aquellos que no creen perciben el encanto de esta celebración. Sin embargo, el cristiano sabe que la Navidad es un acontecimiento decisivo, un fuego eterno que Dios ha encendido en el mundo, y no debe ser confundido con cosas efímeras. Es importante que no se reduzca a una festividad puramente sentimental o consumista. No: la Navidad no debe limitarse a ser una fiesta puramente sentimental o consumista, rica en regalos y felicitaciones, pero carente de fe cristiana y también carente de humanidad. Por lo tanto, es necesario frenar cierta mentalidad mundana, incapaz de captar el núcleo incandescente de nuestra fe, que es este: "Y el Verbo se hizo carne y habitó entre nosotros, y hemos contemplado su gloria, gloria como del Hijo unigénito que viene del Padre, lleno de gracia y de verdad" (Jn 1,14). Y este es el meollo de la Navidad, de hecho, es la verdad de la Navidad; no hay otra.

La Navidad nos invita a reflexionar, por un lado, sobre la dramática historia en la que los hombres, heridos por el pecado, buscan incansablemente la verdad, la misericordia y la redención; y, por otro lado, sobre la bondad de Dios, que vino a nuestro encuentro para comunicarnos la Verdad que salva y hacernos partícipes de su amistad y su vida. Y este don de gracia: que es pura gracia, sin mérito alguno de nuestra parte. El Concilio Vaticano II, en un famoso pasaje de la Constitución sobre la Iglesia en el mundo contemporáneo, nos dice que este evento concierne a cada uno de nosotros. "Con la Encarnación, el Hijo de Dios de alguna manera se unió a cada hombre". "Trabajó con manos humanas, pensó con una mente humana, actuó con una voluntad humana, amó con un corazón humano. Nacido de la Virgen María, se hizo verdaderamente uno de nosotros, en todo semejante a nosotros excepto en el pecado" (Constitución pastoral *Gaudium et spes*, 22). Pero Jesús nació hace dos mil años, ¿y a mí me concierne? –Sí, te concierne a ti y a mí, a cada uno de nosotros. Jesús es uno de nosotros: Dios, en Jesús, es uno de nosotros.

Esta realidad nos da mucha alegría y valor. Dios no nos miró desde arriba, desde lejos, no pasó de largo, no se horrorizó ante nuestra miseria, no se revistió de una apariencia corpórea, sino que asumió plenamente nuestra naturaleza y nuestra condición humana. No dejó nada afuera, excepto el pecado: lo único que

Él no tiene. Toda la humanidad está en Él. Él tomó todo lo que somos tal como somos. Esto es esencial para comprender la fe cristiana. San Agustín, al reflexionar sobre su camino de conversión, escribe en sus Confesiones: "No tenía aún tanta humildad como para poseer a mi Dios, al humilde Jesús, ni conocía aún las enseñanzas de su debilidad" (*Confesiones* VII,8). ¿Y cuál es la debilidad de Jesús? ¡La "debilidad" de Jesús es una "enseñanza"! Porque nos revela el amor de Dios. La Navidad es la fiesta del Amor encarnado, del amor nacido para nosotros en Jesucristo. Jesucristo es la luz de los hombres que brilla en las tinieblas, que da sentido a la existencia humana y a toda la historia.

Queridos hermanos y hermanas, estas breves reflexiones nos ayuden a celebrar la Navidad con mayor conciencia. Pero hay otra forma de prepararse que quiero recordarte a ti y a mi, y que está al alcance de todos: meditar en silencio frente al pesebre. Pidamos la gracia de la sorpresa: frente a este misterio, esta realidad tan tierna, tan hermosa, tan cerca de nuestros corazones, que el Señor nos conceda la gracia de sorprendernos, de encontrarlo, de acercarnos a Él, de acercarnos a todos nosotros. Esto hará renacer en nosotros la ternura, la ternura humana que se asemeja a la de Dios. ¡Hoy necesitamos tanto la ternura, tanto las caricias humanas, frente a tantas miserias!

ↂ

De la Navidad una certeza: Dios está cerca de nosotros

La liturgia de este domingo nos presenta, en el Prólogo del Evangelio de San Juan, el significado más profundo del nacimiento de Jesús. Él es la Palabra de Dios que se hizo hombre y puso su "tienda", su morada entre los hombres. El Evangelista escribe: "Y el Verbo se hizo carne y habitó entre nosotros" (Jn

1,14). En estas palabras, que nunca dejan de maravillarnos, está todo el cristianismo. Dios se hizo mortal, frágil como nosotros, compartió nuestra condición humana, excepto el pecado, pero asumió nuestras propias cargas como si fueran suyas. Entró en nuestra historia, se hizo plenamente Dios-con-nosotros. El nacimiento de Jesús nos muestra que Dios quiso unirse a cada hombre y cada mujer, a cada uno de nosotros, para comunicarnos su vida y su alegría.

Así, Dios es Dios con nosotros, Dios que nos ama, Dios que camina con nosotros. Este es el mensaje de Navidad: el Verbo se hizo carne. Así, la Navidad nos revela el inmenso amor de Dios por la humanidad. De aquí también surge el entusiasmo, la esperanza de nosotros, los cristianos, que en nuestra pobreza sabemos que somos amados, visitados, acompañados por Dios y miramos al mundo y a la historia como el lugar en el que caminamos juntos con Él y entre nosotros hacia nuevos cielos y nueva tierra. Con el nacimiento de Jesús, nació una nueva promesa, nació un mundo nuevo, pero también un mundo que puede ser siempre renovado. Dios está siempre presente para suscitar nuevos hombres, para purificar el mundo del pecado que lo envejece, del pecado que lo corrompe. Por mucho que la historia humana y la historia personal de cada uno de nosotros estén marcadas por dificultades y debilidades, la fe en la Encarnación nos dice que Dios está en solidaridad con el hombre y su historia. ¡Esta cercanía de Dios al hombre, a cada hombre, a cada uno de nosotros, es un don que nunca se desvanece! ¡Él está con nosotros! ¡Él es Dios con nosotros! Y esta cercanía nunca se desvanece. He aquí la buena noticia de Navidad: la luz divina que inundó los corazones de la Virgen María y de San José, y guió los pasos de los pastores y los Reyes Magos, brilla también hoy para nosotros.

En el misterio de la Encarnación del Hijo de Dios, también hay un aspecto relacionado con la libertad humana, la libertad de cada uno de nosotros. De hecho, la Verbo de Dios planta su tienda entre nosotros, pecadores y necesitados de misericordia. Todos deberíamos apresurarnos a recibir la gracia que Él nos ofrece. Sin embargo, continúa el Evangelio de San Juan, "los suyos no lo recibieron" (v. 11). También nosotros, muchas veces, lo rechazamos, preferimos permanecer cerrados en nuestros errores y en la angustia de nuestros pecados. Pero Jesús no se da por vencido y no deja de ofrecerse a sí mismo y su gracia que nos salva. Jesús es paciente, sabe esperar, siempre nos espera. Este es un mensaje de esperanza, un mensaje de salvación, antiguo y siempre nuevo. Y estamos llamados a testimoniar con alegría este mensaje del Evangelio de la vida, del Evangelio de la luz, de la esperanza y del amor. Porque el mensaje de Jesús es este: vida, luz, esperanza, amor.

⤬

La Navidad nos ofrece una esperanza confiable

Isaías había profetizado el nacimiento del Mesías en algunos pasajes: "He aquí, la Virgen concebirá y dará a luz un hijo, y llamarás su nombre Emanuel" (7,14); y también "Saldrá una vara del tronco de Isaí, y un vástago retoñará de sus raíces" (11,1). En estos pasajes se refleja el significado de la Navidad: Dios cumple la promesa al hacerse hombre; no abandona a su pueblo, se acerca lo suficiente como para despojarse de su divinidad. De esta manera, Dios muestra su fidelidad e inaugura un Reino nuevo que ofrece una nueva esperanza a la humanidad. ¿Y cuál es esa esperanza? La vida eterna.

Cuando se habla de esperanza, a menudo se hace referencia a lo que no está en el poder del hombre y que no es visible. De hecho, lo que esperamos va más allá de nuestras fuerzas y de nuestra vista. Pero la Navidad de Cristo, al inaugurar la redención, nos habla de una esperanza diferente, una esperanza confiable, visible y comprensible, porque está fundamentada en Dios. Él entra en el mundo y nos da la fuerza para caminar con Él: Dios camina con nosotros en Jesús, y caminar con Él hacia la plenitud de la vida nos da la fuerza para estar de una manera nueva en el presente, aunque agotador. La esperanza entonces, para el cristiano, significa la certeza de estar en camino con Cristo hacia el Padre que nos espera. La esperanza nunca está quieta, la esperanza siempre está en camino y nos hace caminar. Esta esperanza, que nos da el Niño de Belén, nos ofrece un objetivo, un buen destino en el presente, la salvación para la humanidad, la bienaventuranza para aquellos que confían en el Dios misericordioso. San Pablo resume todo esto con la expresión: "En esperanza fuimos salvados" (Rom 8,24). Es decir, al caminar en este mundo con esperanza, somos salvos. Y aquí podemos hacernos la pregunta, cada uno de nosotros: ¿Estoy caminando con esperanza o mi vida interior está quieta, cerrada? ¿Mi corazón es un cajón cerrado o un cajón abierto a la esperanza que me hace caminar no solo, sino con Jesús?

ு

Sin Jesús no hay Navidad

En nuestros tiempos, especialmente en Europa, estamos presenciando una especie de "desnaturalización" de la Navidad: en nombre de un falso respeto que no es cristiano y a menudo oculta la voluntad de marginar la fe, se elimina de la celebración cualquier referencia al nacimiento de Jesús. Pero en realidad, ¡este acontecimiento es la única y verdadera Navidad! Sin Jesús, no hay Navidad; puede haber otra fiesta, pero no es la Navidad. Y si Él está en el centro, entonces todo lo que rodea, como las luces, los sonidos, las diversas tradiciones locales, incluyendo los platos característicos, todo contribuye a crear la atmósfera festiva, pero con Jesús en el centro. Si lo quitamos, la luz se apaga y todo se vuelve falso, superficial.

A través del anuncio de la Iglesia, nosotros, como los pastores del Evangelio (cf. Lc 2,9), somos guiados a buscar y encontrar la verdadera luz, la de Jesús que, haciéndose hombre como nosotros, se muestra de manera sorprendente: nace de una joven desconocida, que lo trae al mundo en un establo, con la única ayuda de su esposo... El mundo no se da cuenta de nada, ¡pero en el cielo los ángeles que conocen el acontecimiento se regocijan! Y de esta manera, el Hijo de Dios también se nos presenta hoy: como el regalo de Dios para la humanidad que está inmersa en la oscuridad y en la somnolencia del sueño (cf. Is 9,1). Y hoy en día seguimos viendo cómo a menudo la humanidad prefiere la oscuridad, porque sabe que la luz revelaría todas esas acciones y pensamientos que harían que la conciencia se sonrojara o se remordiera. Así que, prefiere quedarse en la oscuridad y no perturbar los malos hábitos.

Por lo tanto, podemos preguntarnos qué significa recibir el don de Dios, que es Jesús. Como Él mismo nos enseñó con su vida, significa convertirse diariamente en un regalo gratuito para aquellos que encontramos en nuestro camino. Es por eso que en Navidad intercambiamos regalos. El verdadero regalo para nosotros es Jesús, y como Él, queremos ser un regalo para los demás. Y dado que deseamos ser un regalo para los demás, intercambiamos regalos como un signo, una señal de esta actitud que Jesús nos enseña: Él, enviado por el Padre, fue un regalo para nosotros, y nosotros somos regalos para los demás.

El apóstol Pablo nos ofrece una clave de lectura concisa cuando escribe —es hermoso este pasaje de Pablo—: "Porque ha aparecido la gracia de Dios, que trae la salvación a todos los hombres y que nos enseña a vivir en este mundo con sobriedad, justicia y piedad" (Tit 2,11-12). La gracia de Dios "ha aparecido" en Jesús, el rostro de Dios, que la Virgen María dio a luz como cualquier niño en este mundo, pero que no vino "de la tierra", vino "del Cielo", de Dios. De esta manera, con la encarnación del Hijo, Dios nos ha abierto el camino a una vida nueva, basada no en el egoísmo sino en el amor. El nacimiento de Jesús es el gesto de amor más grande de nuestro Padre del Cielo.

Jesús es el regalo de Dios para nosotros, y si lo aceptamos, también podemos serlo para los demás –ser el regalo de Dios para los demás– en primer lugar para aquellos que nunca han experimentado atención y ternura. Pero cuántas personas en su vida nunca han experimentado una caricia, una atención amorosa, un gesto de ternura... La Navidad nos impulsa a hacerlo. Así, Jesús nace de nuevo en la vida de cada uno de nosotros y, a través de nosotros, continúa siendo un regalo de salvación para los pequeños y los excluidos.

♋

La Navidad es celebrar a un Dios inédito

¿Qué Navidad querría Dios, qué regalos, qué sorpresas? Miremos la primera Navidad de la historia para descubrir los gustos de Dios. Esa primera Navidad en la historia estuvo llena de sorpresas. Comienza con María, que era prometida de José: llega un ángel y le cambia la vida. De virgen, se convertirá en madre. Continúa con José, llamado a ser padre de un hijo sin generarlo. Un hijo que –en un giro inesperado– llega en el momento menos apropiado, es decir, cuando María y José estaban comprometidos y según la Ley no podían cohabitar. Ante el escándalo, el sentido común de la época aconsejaba a José repudiar a María y salvar su buen nombre, pero él, que tenía todo el derecho, sorprende: para no dañar a María, considera separarla en secreto, incluso a riesgo de perder su propia reputación. Luego, otra sorpresa: Dios, en un sueño, cambia sus planes y le pide que tome a María consigo. Cuando Jesús nace y José ya tiene planes para la familia, de nuevo, en un sueño, se le dice que se levante y vaya a Egipto. En resumen, la Navidad trae cambios inesperados en la vida. Y si queremos vivir la Navidad, debemos abrir el corazón y estar dispuestos a las sorpresas, es decir, a cambios inesperados en la vida.

Pero, es en la noche de Navidad donde llega la sorpresa más grande: el Altísimo es un niño pequeño. La Palabra divina es un bebé, lo que literalmente significa "incapaz de hablar". Y la Palabra divina se volvió "incapaz de hablar". Para recibir al Salvador no hay autoridades de la época o del lugar ni embajadores: no; son pastores sencillos que, sorprendidos por los ángeles mientras trabajaban de noche, acuden sin demora. ¿Quién lo hubiera esperado? La Navidad es celebrar lo inédito de Dios, o mejor dicho, es celebrar a un Dios inédito que trastorna nuestras lógicas y expectativas.

Entonces, celebrar la Navidad es recibir en la tierra las sorpresas del Cielo. No se puede vivir "terrenalmente" cuando el Cielo ha traído sus novedades al mundo. La Navidad inaugura una época nueva donde la vida no se programa, sino que se da; donde ya no se vive para uno mismo según sus gustos, sino para Dios y con Dios, porque desde la Navidad, Dios es el Dios-con-nosotros, que vive con nosotros, que camina con nosotros. Vivir la Navidad es dejarse conmover por su sorprendente novedad. La Navidad de Jesús no ofrece la cómoda calidez de la chimenea, sino la emoción divina que sacude la historia. La Navidad es la revancha de la humildad sobre la arrogancia, de la sencillez sobre la abundancia, del silencio sobre el ruido, de la oración sobre "mi tiempo", de Dios sobre mi yo.

Hacer Navidad es hacer como Jesús, quien vino por nosotros, los necesitados, y descender hacia aquellos que necesitan de nosotros. Es hacer como María: confiarse, ser dócil a Dios, incluso sin entender lo que Él hará. Hacer Navidad es hacer como José: levantarse para realizar lo que Dios quiere, incluso si no está de acuerdo con nuestros planes. San José es sorprendente: en el Evangelio nunca habla: no hay una sola palabra de José en el Evangelio; y el Señor le habla en silencio, le habla precisamente en el sueño. La Navidad es preferir la voz silenciosa de Dios sobre el estruendo del consumismo. Si sabemos permanecer en silencio frente al pesebre, la Navidad también será una sorpresa para nosotros, no algo ya visto. Permanecer en silencio frente al pesebre: este es el llamado para la Navidad. Tómate un tiempo, ve al pesebre y quédate en silencio. Y experimentarás la sorpresa, verás la sorpresa.

Lamentablemente, es posible equivocarse de fiesta y preferir las cosas comunes de la tierra a las novedades del Cielo. Si la Navidad sigue siendo solo una hermosa festividad tradicional donde nosotros estamos en el centro en lugar de Él, será una oportunidad perdida. Por favor, ¡no convirtamos la Navidad en algo mundano! No dejemos de lado al Homenajeado, como sucedió en aquel entonces cuando "vino a los suyos, y los suyos no lo recibieron" (Jn 1,11). Desde el primer Evangelio de Adviento, el Señor nos ha advertido que no nos dejemos abrumar por las "disipaciones" y las "preocupaciones de la vida" (Lc 21,34). En estos días, muchos corren, tal vez más que en cualquier otro momento del año. Pero eso va en contra de lo que Jesús desea. A menudo, culpamos a las muchas cosas que llenan nuestros días o al mundo que se mueve tan rápido. Sin embargo, Jesús no culpa al mundo, nos pide que no nos dejemos arrastrar y que estemos en vigilia, orando en todo momento (cfr. V. 36).

Así que, será Navidad si, al igual que José, damos espacio al silencio; si, como María, decimos "aquí estoy" a Dios; si, como Jesús, estamos cerca de quienes están solos; si, como los pastores, salimos de nuestros recintos para estar con Jesús. Será Navidad si encontramos la luz en la humilde gruta de Belén. No será Navidad si buscamos los destellos brillantes del mundo, si nos llenamos de regalos, almuerzos y cenas, pero no ayudamos al menos a un pobre, que se asemeja a Dios, porque en Navidad Dios vino como un pobre.

Queridos hermanos y hermanas, ¡les deseo una Feliz Navidad, una Navidad llena de las sorpresas de Jesús! Pueden parecer sorpresas incómodas, pero son los gustos de Dios. Si las abrazamos, nos haremos a nosotros mismos un hermoso regalo. Cada uno de nosotros tiene la capacidad de sorprenderse que está escondida en el corazón. Dejémonos sorprender por Jesús en esta Navidad.

❧

El misterio de la Navidad es la humildad

Si tuviéramos que expresar todo el misterio de la Navidad en una palabra, creo que la palabra "humildad" es la que más nos puede ayudar. Los Evangelios nos hablan de un escenario pobre y sobrio, no adecuado para recibir a una mujer que está a punto de dar a luz. Sin embargo, el Rey de reyes viene al mundo no llamando la atención, sino suscitando una misteriosa atracción en los corazones de quienes sienten la presencia abrumadora de una novedad que está a punto de cambiar la historia. Por eso, me gusta pensar y decir que la humildad fue su puerta de entrada y nos invita a todos a cruzarla.

No es fácil comprender lo que es la humildad. Es el resultado de un cambio que el Espíritu mismo opera en nosotros a través de la historia que vivimos, como ocurrió con Naamán el sirio (cf. 2 Re 5). Este personaje gozaba de una gran fama en la época del profeta Eliseo. Era un valiente general del ejército Arameo que había demostrado en varias ocasiones su valentía y coraje. Pero junto con la fama, la fuerza, el respeto, los honores y la gloria, este hombre se ve obligado a convivir con un terrible drama: está leproso. Su armadura, la misma que le proporciona fama, en realidad cubre una humanidad frágil, herida y enferma. Esta contradicción a menudo la encontramos en nuestras propias vidas: a veces, los grandes dones son la armadura que oculta grandes fragilidades.

Naamán entiende una verdad fundamental: no se puede pasar la vida escondiéndose detrás de una armadura, un papel, un reconocimiento social: al final, duele. Llega un momento en la vida de cada uno en el que se tiene el deseo de no vivir más detrás de la apariencia de gloria de este mundo, sino en la plenitud de una vida sincera, sin necesidad de armaduras y máscaras. Este deseo lleva al valiente general Naamán a emprender un viaje en busca de alguien que pueda ayudarlo, y lo hace siguiendo la sugerencia de una esclava, una prisionera de guerra hebrea que habla de un Dios capaz de sanar tales contradicciones.

Habiendo cargado plata y oro, Naamán emprende un viaje y llega ante el profeta Eliseo. Este le pide a Naamán, como única condición para su curación, el sencillo acto de despojarse y lavarse siete veces en el río Jordán. Nada de fama, nada de honores, oro ni plata. La gracia que salva es gratuita y no se puede reducir al precio de las cosas de este mundo.

Naamán se resiste a esta petición, le parece demasiado sencilla, demasiado simple, demasiado accesible. Parece que la fuerza de la simplicidad no tenía cabida en su imaginación. Pero las palabras de sus sirvientes le hacen cambiar de opinión: "Si el profeta te hubiera mandado hacer algo difícil, lo habrías hecho, ¿verdad? ¡Cuánto más razón para hacerlo si te ha dicho: 'Lávate y quedarás limpio'!" (2 Re 5,13). Naamán se rinde y, con un gesto de humildad, "baja", se quita su armadura, se sumerge en las aguas del Jordán y "su carne quedó sana como la de un niño; quedó limpio" (2 Re 5,14). ¡La lección es poderosa! La humildad de desnudar su propia humanidad, siguiendo la palabra del Señor, le da a Naamán la curación.

La historia de Naamán nos recuerda que la Navidad es un tiempo en el que cada uno de nosotros debe tener el coraje de quitarse su armadura, de desechar las vestiduras de su rol, del reconocimiento social, del resplandor de la gloria de este mundo, y asumir la humildad. Podemos hacerlo tomando un ejemplo más fuerte, convincente y autoritario: el del Hijo de Dios, que no se sustrae de la humildad de "descender" a la historia haciéndose hombre, haciéndose niño, frágil, envuelto en pañales y acostado en un pesebre (cf. Lc 2,16). Quitadas nuestras vestiduras, nuestras prerrogativas, nuestros roles, nuestros títulos, todos somos leprosos, todos necesitamos ser sanados. La Navidad es el recuerdo vivo de esta conciencia y nos ayuda a comprenderla más profundamente.

☙

Un sentimiento de asombro

En estos días, la liturgia nos invita a despertar en nosotros el asombro por el misterio de la Encarnación. La fiesta de Navidad es quizás la que más fomenta esta actitud interior: el asombro, la maravilla, la contemplación... Como los pastores de Belén, que primero reciben el luminoso anuncio angelical y luego corren para encontrar la señal que se les había indicado, el Niño envuelto en pañales en un pesebre. Con lágrimas en los ojos, se arrodillan ante el Salvador recién nacido. Pero no solo ellos, también María y José están llenos de santa maravilla por lo que los pastores les cuentan sobre el Niño, según lo que habían escuchado del ángel.

Es así: no se puede celebrar la Navidad sin asombro. Pero este asombro no debe limitarse a una emoción superficial —esto no es asombro—, una emoción relacionada a la superficialidad de la fiesta o, peor aún, con el frenesí consumista. No. Si la Navidad se reduce a esto, nada cambia: mañana será igual que ayer, el próximo año será como el anterior, y así sucesivamente. Sería como calentarnos por unos instantes junto a un fuego de paja, y no exponernos con todo nuestro ser a la fuerza del Acontecimiento, sin comprender el centro del misterio del nacimiento de Cristo.

Y el centro es este: "Y el Verbo se hizo carne, y habitó entre nosotros" (Jn 1,14). Lo escuchamos repetido en esta liturgia vespertina, que abre la solemnidad de María Santísima Madre de Dios. Ella es la primera testigo, la primera y la más grande, y al mismo tiempo, la más humilde. La más grande porque es la más humilde. Su corazón está lleno de asombro, pero sin sombras de romanticismo, de dulzura, de espiritualismo. No. La Madre nos devuelve a la realidad, a la verdad de la Navidad, que está encerrada en esas tres palabras de San Pablo: "nacido de mujer" (Gál 4,4). El asombro cristiano no proviene de efectos especiales, de mundos fantásticos, sino del misterio de la realidad: ¡no hay nada más maravilloso y asombroso que la realidad! Una flor, un trozo de tierra, una historia de vida, un encuentro... El rostro arrugado de un anciano y el rostro recién florecido de un niño. Una madre que sostiene a su bebé y lo amamanta. El misterio brilla allí.

Hermanos y hermanas, el asombro de María, el asombro de la Iglesia, está lleno de gratitud. La gratitud de la Madre que, al contemplar a su Hijo, siente la cercanía de Dios, siente que Dios no ha abandonado a su pueblo, que Dios ha venido, que Dios está cerca, es Dios-con-nosotros. Los problemas no han desaparecido, las dificultades y preocupaciones no faltan, pero no estamos solos: el Padre "envió a su Hijo" (Gál 4,4) para redimirnos de la esclavitud del pecado y devolvernos la dignidad de hijos. Él, el Unigénito, se hizo el primogénito entre muchos hermanos, para llevarnos de regreso, a todos nosotros, perdidos y dispersos, a la casa del Padre.

Frente al Pesebre

Detente frente al pesebre para contemplar cómo Dios se ha hecho presente durante todo este año y recordarnos que cada tiempo, cada momento, lleva consigo gracia y bendición. El pesebre nos desafía a no dar por perdido nada ni a nadie. Mirar el pesebre significa encontrar la fortaleza para tomar nuestro lugar en la historia sin quejas ni amargura, sin cerrarnos ni evadirnos, sin buscar atajos que nos privilegien. Mirar el pesebre implica saber que el tiempo que nos espera requiere iniciativas audaces y llenas de esperanza, así como renunciar a vanos protagonismos o luchas interminables por destacarse.

Mirar el pesebre es descubrir cómo Dios se involucra involucrándonos a nosotros, haciéndonos parte de su obra, y nos invita a recibir con valentía y determinación el futuro que tenemos por delante.

Y al mirar el pesebre, nos encontramos con los rostros de José y María. Rostros jóvenes llenos de esperanzas y aspiraciones, cargados de preguntas. Rostros jóvenes que miran hacia adelante con la no fácil tarea de ayudar al Dios-Niño a crecer. No se puede hablar del futuro sin contemplar estos rostros jóvenes y asumir la responsabilidad que tenemos hacia nuestros jóvenes; más que responsabilidad, la palabra correcta es deuda, sí, la deuda que tenemos con ellos.

Estamos invitados a no ser como el posadero de Belén que frente a la joven pareja decía: aquí no hay lugar. No había lugar para la vida, no había lugar para el futuro. Se nos pide que asumamos nuestra responsabilidad, por pequeña que parezca, de ayudar a nuestros jóvenes a encontrar aquí, en su tierra, en su patria, horizontes concretos de un futuro por construir.

Fuentes

El Pesebre

¿Quién es feliz en el pesebre?: Discurso a los empleados de la Santa Sede y del Estado de la Ciudad del Vaticano en ocasión de los deseos navideños, 21 de diciembre de 2018.

San Francisco de Asís, quien creó el pesebre: Carta Apostólica *Admirabile signum*, 1 de diciembre de 2019.

El pesebre es un Evangelio vivo: Catequesis del 18 de diciembre de 2019.

Niño Jesús

En un niño, Dios nos sorprende: Carta Apostólica *Admirabile signum*, 1 de diciembre de 2019.

Redescubramos las pequeñas cosas: Homilía del 24 de diciembre de 2021.

Jesús, la ternura de Dios: Palabras a los jóvenes de la Acción Católica Italiana, 20 de diciembre de 2013.

El nacimiento es promesa de futuro: Mensaje *Urbi et Orbi*, 25 de diciembre de 2020.

Somos hijos amados: Homilía del 24 de diciembre de 2020.

Dios quiere habitar entre nosotros: Ángelus del 2 de enero de 2022.

En Navidad Dios se puso del lado del hombre: Catequesis del 18 de diciembre de 2013.

Se encarnó y no retrocede: Ángelus del 3 de enero de 2021.

El Niño Jesús es la sonrisa de Dios: Saludo a los empleados de la Santa Sede y de la Gobernación del Estado de la Ciudad del Vaticano con motivo de los saludos navideños, 21 de diciembre de 2019.

La gracia de la ternura: Catequesis del 18 de diciembre de 2019.

Permitamos que el Señor venga a buscarnos: Homilía del 24 de diciembre de 2014.

Qué nos enseñan los niños: Catequesis del 30 de diciembre de 2015.

Ver a Jesús en los pequeños excluidos: Mensaje *Urbi et Orbi*, 25 de diciembre de 2017.

¿Qué será de los niños?: Homilía en la Plaza del Pesebre (Belén), 25 de mayo de 2014.

Dios nace gratis: Homilía del 24 de diciembre de 2019.

María

Decir sí al Señor: Ángelus del 20 de diciembre de 2020.

María reconoce el tiempo de Dios: Ángelus del 21 de diciembre de 2014.

Con María, el Señor cambia el destino del hombre: Ángelus del 18 de diciembre de 2016.

María nos enseña a no dejarnos abrumar por las dificultades: Ángelus del 19 de diciembre de 2021.

María nos ha dado la luz: Homilía del 24 de diciembre de 2017.

Comenzar de nuevo con las mujeres: Homilía del 1 de enero de 2020.

El mensaje de María: Ángelus del 1 de enero de 2022.

Aprendamos de María a meditar en el corazón: Homilía del 1 de enero de 2022.

José

José acepta el plan del Señor: Ángelus del 22 de diciembre de 2013.

Aceptemos las sorpresas, como José: Ángelus del 18 de diciembre de 2022.

El custodio de Jesús: Carta Apostólica *Admirabile Signum*, 1 de diciembre de 2019.

Un educador modelo: Catequesis del 19 de marzo de 2014.

Con corazón de padre: Carta Apostólica *Patris Corde*, 8 de diciembre de 2020.

Belén

El sabor del pan: Homilía del 24 de diciembre de 2018.

Belén, tierra de humildad: Catequesis del 21 de diciembre de 2016.

Desde Belén, una chispa de esperanza: Homilía del 24 de diciembre de 2017.

Regresemos a Belén: Homilía del 24 de diciembre de 2021.

El Establo

La paja es la cuna de Jesús: Carta Apostólica *Admirabile signum*, 1 de diciembre de 2019.

El pesebre nos enseña mucho: Homilía del 24 de diciembre de 2018.

Un establo fue la casa del Señor: Ángelus del 22 de diciembre de 2013.

José y María personifican a los sin hogar: Homilía del 24 de diciembre de 2017.

El pesebre del rechazo y la indiferencia: Homilía del 24 de diciembre de 2016.

Los Ángeles

Los ángeles saben por quién se alegran: Catequesis del 21 de diciembre de 2016.

Celebramos a Aquel que nace: Saludo a los artistas del Concierto de Navidad, 15 de diciembre de 2021.

Los Pastores

Los primeros en ver a Jesús: Mensaje *Urbi et Orbi*, 25 de diciembre de 2017.

Dios nace y abraza a los excluidos: Homilía del 24 de diciembre de 2017.

También nosotros, en camino como ellos: Carta Apostólica *Admirabile signum*, 1 de diciembre de 2019.

Vigilar en la noche para recibir la luz: Homilía del 24 de diciembre de 2018.

Con los ojos en lo alto: Ángelus del 6 de enero de 2016.

Entremos en Navidad con los pastores: Homilía del 24 de diciembre de 2016.

Compartir el regalo más precioso: Homilía del 24 de diciembre de 2019.

La Luz

En la noche de Navidad brilla una gran luz: Homilía del 24 de diciembre de 2014.

Nuestra vida está iluminada: Homilía del 24 de diciembre de 2015.

La luz es el amor de Dios: Homilía del 24 de diciembre de 2019.

Jesús puede hacer brillar cualquier oscuridad: Ángelus del 6 de enero de 2021.

Quien hace el mal odia la luz: Ángelus del 4 de enero de 2015.

Los Reyes Magos

Hombres y mujeres en búsqueda: Homilía del 6 de enero de 2015.

El corazón abierto al horizonte: Homilía del 6 de enero de 2017.

Pongámonos en camino hacia Él: Homilía del 6 de enero de 2022.

Generosos y abiertos a lo nuevo: Ángelus del 6 de enero de 2019.

Dejarse impregnar por la alegría: Carta Apostólica *Admirabile signum*, 1 de diciembre de 2019.

Los tres gestos de los Reyes Magos: Homilía del 6 de enero de 2018.

Quien adora a Jesús es transformado por su amor: Homilía del 6 de enero de 2020.

Hombres ilustres pero humildes: Ángelus del 6 de enero de 2022.

El encuentro con Jesús pone a los Magos en camino: Ángelus del 6 de enero de 2020.

La Estrella

Una estrella entre las estrellas: Homilía del 6 de enero de 2016.

¿Qué estrellas seguimos en nuestra vida?: Homilía del 6 de enero de 2018.

Busquemos la luz correcta: Ángelus del 6 de enero de 2017.

No estamos abandonados: Ángelus del 6 de enero de 2016.

Herodes

El tenebroso palacio de Herodes: Homilía del 6 de enero de 2014.

Herodes tiene miedo: Ángelus del 6 de enero de 2018.

El temor de Herodes mata su corazón: Homilía del 6 de enero de 2017.

La teología no es suficiente si no se sabe adorar: Homilía del 6 de enero de 2020.

La Navidad está acompañada por el llanto: Carta a los Obispos en la fiesta de los Santos Inocentes, 28 de diciembre de 2016.

Herodes expulsa a la Sagrada Familia: Saludo a los artistas del Concierto de Navidad en el Vaticano, 14 de diciembre de 2018.

La Sagrada Famlia

El Hijo de Dios nació en una familia: Ángelus del 27 de diciembre de 2020.

Una familia en la periferia del mundo: Catequesis del 17 de diciembre de 2014.

La familia es la historia de la que venimos: Ángelus del 26 de diciembre de 2021.

Una comunidad especial de vida y amor: Ángelus del 27 de diciembre de 2015.

Los padres son los guardianes de los hijos (no los dueños): Ángelus del 31 de diciembre de 2017.

María, José y Jesús se ayudan mutuamente a descubrir el plan de Dios: Ángelus del 29 de diciembre de 2019.

Las Diferentes Estatuillas

Muchos personajes alrededor de Jesús: Carta Apostólica *Admirabile signum*, 1 de diciembre de 2019.

La lección del pesebre "km cero": Catequesis del 18 de diciembre de 2019.

El Árbol de Navidad

El árbol apunta hacia arriba: Discurso a las delegaciones de los donantes del árbol de Navidad y el pesebre para la Plaza de San Pedro, 7 de diciembre de 2017.

Un signo de renacimiento: Discurso a las delegaciones que donan el árbol de Navidad y el pesebre en la Plaza de San Pedro y en el Aula Pablo VI, 10 de diciembre de 2021.

La Navidad

El regalo del Niño Jesús: Catequesis del 18 de diciembre de 2013.

La Navidad es un fuego eterno: Catequesis del 23 de diciembre de 2020.

De la Navidad una certeza: Dios está cerca de nosotros: Ángelus del 5 de enero de 2014.

La Navidad nos ofrece una esperanza confiable: Catequesis del 21 de diciembre de 2016.

Sin Jesús no hay Navidad: Catequesis del 27 de diciembre de 2017.

La Navidad es celebrar a un Dios inédito: Catequesis del 19 de diciembre de 2018.

El misterio de la Navidad es la humildad: Discurso a los miembros del Colegio Cardenalicio y de la Curia Romana en la presentación de los saludos navideños, 23 de diciembre de 2021.

Un sentimiento de asombro: Homilía del 31 de diciembre de 2021.

Frente al Pesebre

Te Deum del 31 dicembre 2016.

FOCOLARE MEDIA
Enkindling the Spirit of Unity

The New City Press book you are holding in your hands is one of the many resources produced by Focolare Media, which is a ministry of the Focolare Movement in North America. The Focolare is a worldwide community of people who feel called to bring about the realization of Jesus' prayer: "That all may be one" (see John 17:21).

Focolare Media wants to be your primary resource for connecting with people, ideas, and practices that build unity. Our mission is to provide content that empowers people to grow spiritually, improve relationships, engage in dialogue, and foster collaboration within the Church and throughout society.

Visit www.focolaremedia.com to learn more about all of New City Press's books, our award-winning magazine *Living City*, videos, podcasts, events, and free resources.

NCP
NEW CITY PRESS